# CLAUDE FRANÇOIS

*L'enfer du décor*

GUY FLORIANT
OLIVIER DELAVAULT

# CLAUDE FRANÇOIS

*L'enfer du décor*

ÉDITIONS DU
ROCHER
Jean-Paul Bertrand

ISBN 2 268 02916 6

*C'est avant tout un métier d'instinct. Il ne faut ni se tromper, ni s'égarer.*

*Personnellement je crois que la réussite s'inscrit dès les premières années. Après, il me semble qu'il vaut mieux laisser tomber, ne plus se bercer d'illusions, et choisir autre chose.*

Claude François

Je remercie pour leur aide précieuse :

Aimé Barelli, Jean-Pierre Bourtayre, Vline Buggy, Martine Diacenco, Marie-Thérèse Dehaeze, Josette François, Louis Frozio, Nicole Gruyer, Michel Lafon, Paul Lederman, Geneviève Leroy, Josette Martin, Dominique Montjanel, Alain Dominique Perrin, Jean-Jacques Tilché, Paul Wagner.

Catherine Laporte, Colette Manne, Lise Lemaire et Carole Iwanski du service de presse de l'Olympia.

Je dois mentionner tout spécialement le soutien qui m'a été apporté par l'équipe actuelle de Flèche, Fabien Lecœuvre, Marie-Laure François, Claude et Marc François, et pour cette si rare fidélité en amitié à laquelle je suis tout particulièrement sensible.

Je ne veux pas oublier tous ceux qui depuis cette époque m'ont permis de continuer mon métier d'auteur, comme Gilbert Montagné, les éditeurs Stéphane Barret, Nicole Damy, les producteurs Frédéric et Olivier Fraikin, Christophe Barello grâce auxquels les G Squad et bien d'autres sont passés par ma plume, et enfin Elizabeth, mon Anglaise de femme qui, flegme britannique oblige, supporte de me voir raconter une dernière fois les mêmes histoires à propos de cet artiste scintillant qu'elle n'a pas connu.

Guy Floriant

# Avant-propos

## *Petit retour vers le futur*

Angleterre, 25 décembre 1997

Incroyable mais vrai ! L'émission « Top Of The Pop », tient encore l'écran. Déjà, de 64 à 68, ce show en semi-live, ancêtre du « Top 50 », m'avait sevré de Beatles, de Who, de Stones, de Kinks et autres Yes, mais aussi de tout ce que le Royaume-Uni peut fournir de sous-produits « eurovisionnesques ».

Là, aujourd'hui, les meilleurs succès de l'année vont tous azimuts. La dance de Daft Punk ; le groupe Texas qui redécouvre le rythm and blues avec, au passage, un refrain presque intégralement « pompé » sur les chœurs de *Magnolia forever*... Is she Wrong or is she right... j'ai dit intégralement, et non intentionnellement... ; les Spice Girls « too much » qui renouent avec le style Tamla toutes en strass et en punch ont séduit la planète, y compris le prince Charles à nouveau cœur à prendre, et Nelson Mandela ; Oasis qui lennonise, bref, j'ai vraiment l'impression que la boucle s'est refermée. Bien sûr le son a changé, de petits prodiges comme les Frères Hanson, du haut de leur succès planétaire, assurent comme des fous en direct à l'heure où ils devraient être en train de faire leurs devoirs, les musiques se mélangent, les chapelles disparaissent, sur la scène, le ténor Andréa Bocelli succède à Prodigy, on duettise sans relâche, Barbara Streisand et Céline Dion se poursuivent dans les aigus, tandis que sur des fonds plus glauques mais non moins séduisants, Joe Cocker et Zucchero, Tina Turner et Eros Ramazzotti, pour ne citer que ceux-là, nous donnent encore de bonnes sensations.

En fait, si comme il y a une vingtaine d'années, je regardais ce programme avec Claude dans une suite de l'Hilton Park Lane, rien, je pense, ne pourrait véritablement le surprendre.

Les looks font obstinément référence aux seventies, des platform shoes à la coiffure, les mélodies tournent autour des mêmes accords, pas de changements fondamentaux, en apparence, excepté peut-être, le reconnaîtrait-il ? la qualité de la plupart des chanteurs, et la grande précision du travail de production ainsi qu'une stratégie marketing omniprésente qui, à l'époque de sa disparition, était loin d'être aussi sophistiquée, et des rapports avec les « major companies » profondément plus inhumains.

Autant le dire tout de suite, je n'étais pas fan de ce que représentait Claude François.

Musicien depuis 1965, j'avais usé mes phalanges sur des guitares agressives, en France et ailleurs, au sein de groupes provocateurs aux styles bien éloignés de ce chanteur bondissant, certes bourré de talent, mais qui ne provoquait chez moi qu'une curiosité amusée, voire intéressée : n'avais-je pas présenté des chansons à son staff bien avant de rentrer aux Disques Flèche ?

Parmi celles-ci, *La Vie en couleurs*, écrite avec Nicolas Skorsky, connaîtra plus tard un succès considérable avec l'homme-orchestre Rémy Bricka bardé de ses feux de Bengale, de sa colombe et de son lapin, ses pétards magiques et feux d'artifice en prime : un cauchemar pour la sécurité des plateaux de télévision.

Claude, en 1976, me dira : « C'est ça l'esprit d'équipe... Pourquoi ne me l'as-tu pas présentée ?... » J'aurais pu lui donner toutes les preuves qu'il l'avait lui même refusée deux ans auparavant... il ne l'aurait pas davantage admis... mauvaise foi oblige : Cloclo était un champion de la mémoire dite « sélective ».

Tout cela pour vous dire que les circonstances qui m'ont fait entrer dans le cercle restreint de ses collaborateurs-amis tiennent plus du hasard et de la nécessité, de mon goût de l'aventure, que d'une volonté artistique délibérée. Mais lorsque l'opportunité s'est présentée, j'ai senti que sur le plan professionnel aucun autre chanteur français ne pourrait me faire profiter d'une telle expérience.

Je n'ai pas été déçu !

Dire toute la vérité sur Claude François est un pari impossible, il en est de même pour tous les grands absents. Chacun de ceux qui témoignent dans les pages qui suivent a sa propre vérité, n'ayant vécu que des étapes de son parcours. Mais ainsi que me l'a suggéré Paul Lederman, son imprésario et ami pendant près de vingt ans, que pensait Claude lui-même de toutes ces personnes et de moi y compris ? On ne peut donc s'en tenir qu'à l'apparence des choses. Mais, comme aurait dit Coluche, « y a des apparences qui sont plus apparentes que d'autres », et nous sommes souvent obligés de nous en contenter pour endiguer le flot de contre-vérités inévitables sur pareil sujet.

Ceux qui veulent découvrir des aspects inédits de Claude François trouveront leur compte au hasard de ces pages. Mais les assoiffés de scandales, les boulimiques du « ce que personne n'avait jamais osé dire », les malades de « la vérité enfin dévoilée » et du « terrible secret » auront enfin l'occasion de pouvoir dire moins de bêtises.

Dans ce livre, pour la toute première fois, vous trouverez un index de toutes les adaptations que Claude a faites – un travail remarquable de recherche effectué par le journaliste Olivier Delavault, qui permet de voir le riche éventail des artistes et des chansons aux styles bien différents qui ont inspiré Claude François.

Les puristes et historiens de la chanson y trouveront certainement une mine d'informations.

Il faut se rendre à l'évidence. Qui, mieux que Claude François, a davantage symbolisé le show business dans toute sa splendeur, surtout vingt ans après sa disparition ! Bien sûr d'autres monuments disparus de la chanson française connaîtront une certaine gloire éternelle... mais Claude est le seul mort qui peut encore aujourd'hui faire danser les vivants avec autant de joie !

Arriver au top niveau d'une telle discipline et surtout s'y maintenir d'une façon aussi sportive incluait, déjà à l'époque, un contrôle précis de toute cette occultation de la vie privée que la presse à scandale se chargeait d'éclairer ou d'assombrir à tout moment. Le mal étant fait à l'instant où la phrase était écrite, il n'y avait souvent d'autre alternative que d'être complice de ces histoires inventées, afin d'en contrôler les dégâts possibles, restant ainsi dans des limites promotionnelles acceptables.

Faire parler en bien comme en mal, mais faire parler de soi, exister, Claude a toujours joué le jeu à fond comme sa conscience artistique le lui dictait, elle qui le faisait souvent parler de lui-même à la troisième personne : « Que ferait Cloclo dans telle ou telle situation ? » Lorsqu'en mai 76 Michel Sardou sort son premier numéro de *MS Magazine*, la Une ne fait pas dans la dentelle. Claude qui s'y retrouve comparé à une sauterelle est sidéré de la violence de l'attaque, mais en bon stratège il manage calmement la riposte :

« Ils ont dit "Au fou !" en parlant de moi dans leur première page avec photo assortie, chemise déchirée ? À combien tire ce torchon ?... Ah !... Quand même... C'est pas mal. En fait ils travaillent pour nous, la pub est toujours bonne à prendre... alors, tu vois, Geneviève – directrice de *Podium*, future rédactrice en chef de *Parents*, *Elle*, *Première* – j'aimerais que tu fasses une belle double page sur Michel... dans le prochain *Podium*, et arrange-toi pour que notre ami soit en tête des chanteurs bruns préférés des fans. Plus ils nous tirent dessus et plus nous devons être gentils... À la fin, ils auront l'air de quoi ? »

« D'ailleurs, n'oublie pas, Nicole – fidèle secrétaire de Claude durant toute sa carrière –, de téléphoner à Gilbert et Maritie Carpentier... Je veux faire un duo avec lui dans mon prochain "Numéro 1" ! »

Mais voilà, lorsque l'intéressé n'est plus là pour se défendre, ou pourfendre, quelle part du diable peut-on trouver dans un témoignage, après un silence de plus de vingt ans ? Durant les quatre dernières années de sa vie, nous avons travaillé ensemble, voyagé, partagé des moments d'enthousiasme, vécu des séances difficiles : j'ai essuyé ses colères, et ses coups foireux sur le court de tennis de Dannemois, je me suis endormi sept fois pendant *Autant en emporte le vent* qu'il nous projetait immanquablement à partir de deux heures du matin après un dîner oriental arrosé de Mouton Rothschild, terminé au Château Yquem, épuisé par le cross rituel du dimanche et le sauna finlandais dont il était le grand prêtre. Je l'ai quitté, détesté mille fois. Il me l'a bien rendu... en usant d'une mauvaise foi redoutable. J'ai sacrifié ma vie privée pour sa vie professionnelle, j'ai appris ce que je croyais savoir. Il aurait pu écrire ces lignes incomparablement mieux que moi, en y comblant les points de suspension, en y ajoutant les virgules, et peut-être quelques éclats superlatifs à ses propres prouesses. Il y aurait fait souffler un vent de délire incontrôlable qui aurait balayé quelques faux amis devenus grands par son absence.

Mais, la pudeur dont il faisait preuve étant parfois à la mesure de sa schizophrénie, il eût sans doute oublié volontairement de développer le chapitre de sa générosité orientale, de son amour pour ceux qui l'entouraient, et de ses nombreuses déceptions.

En fait, il a suffisamment marqué ceux qui l'ont approché pour que vous ne perdiez rien de son aspect cyclothymique, atrabilaire, mégalo, intransigeant... à la mesure d'un Claude François, homme de goût et de cœur, esthète, fou des femmes, de la beauté, obsédé du succès, maniaque de l'ordre et de la clarté.

Dans le kaléidoscope du fanatisme, Claude prend bien des aspects différents. D'un ego surdimensionné, il est indéniable qu'il a lui-même entretenu un certain culte idolâtre autour de sa personne, sacrifiant le cœur de ses petites vestales sur les autels de leur propre folie. Mais Dieu nous garde des « fans », aurait dit... Mac Orlan. Certes, hormis ce petit peuple dévoué, Claude était très entouré : collaborateurs, amis, famille, tout cela formait un team compact. Mais sans trop forcer sur les clichés faciles, les éléments qui restaient probablement les plus chers à son cœur étaient les rosiers du Moulin, le fameux magnolia, les crooners dont il rêvait d'avoir la voix, le son suave de Mulligan, le souffle de Miles Davis période cool, le jeu de jambes de James Brown et de Michael Jackson, ou tout simplement quelques mots d'anglais murmurés par une conquête scandinave dans un salon baigné par le timbre feutré de Nat King Cole et les reflets bleutés d'un aquarium tropical. Le reste n'était qu'un tourbillon de paillettes, un ouragan de voitures aux vitres fumées déchirant les nuits d'été, une tornade de jeunes filles squattant l'entrée des bureaux ou de l'escalier de son appartement, des chansons qui forçaient le cœur de milliers de maisons, et des posters criards que la petite sœur regardait en rêvant.

Mais derrière le rideau, comment fonctionnait la machine ? Cloclo, mode d'emploi : c'est une autre histoire.

*Première partie*

# LA SOLITUDE DU CHANTEUR DE FOND

# 1

## *Plus vite que la musique*

« Bon Dieu... j'en peux plus... je les aurai. »

Les pieds nus dans le sable, le jeune garçon blond au bord de l'épuisement fixe d'un regard haineux les deux hommes qui prennent de la distance à quelque cinquante mètres devant lui.

Les ombres s'allongent sur le désert chaotique d'Ismaïlia. Les silhouettes vibrent, le sol est brûlant. C'est à peine s'il est possible de l'effleurer pour prendre l'élan de la prochaine foulée. Et pourtant il le faut, en économisant assez de souffle pour franchir l'entrée de la ville en vainqueur devant les deux frères. Et comme d'habitude, le jeune garçon force... mais cette fois-là il gagne.

Nous sommes fin juin 1956 et Claude a seize ans et demi. À force de se brûler les pieds pour aller plus vite sur cette belle terre d'Égypte, et soit dit en passant pour séduire une jeune Italienne, il est devenu le champion interscolaire du 1 500 mètres. Lorsque le colonel Nasser lui remet ce trophée, la fierté envahit la maison des

François ; deux générations déjà, que leur attachement à la Compagnie du canal de Suez se perpétue.

Le jeune champion de fond continuera-t-il de courir sur ce chemin tracé par son père et son grand-père, ingénieurs à cette même compagnie ? Rien n'est moins sûr. Son comportement laisse présager beaucoup d'indiscipline et la seule règle à laquelle il obéisse est celle qu'il s'impose dans les domaines qui le passionnent.

Ce jour-là, tandis qu'il regagne la rue, il vit sans le savoir ses dernières journées d'adolescence. L'âge adulte va lui tomber dessus prématurément. C'est la réalité historique. C'est déjà un drôle de personnage, et il en fait voir de toutes les couleurs à sa famille, qui pourtant n'a rien demandé d'exceptionnel au bon Dieu ! Mais ce dernier en a décidé autrement.

Le canal de Suez, dont Ismaïlia est la ville capitale, fait vivre une mosaïque de communautés, européennes, orientales, politiquement, religieusement, profondément différentes.

Ce qui aurait pu être le creuset d'échanges culturels quotidiens n'est constitué en réalité que de ghettos hermétiques. Ces « concessions », c'est le terme employé, organisées par les grandes puissances, sont des zones dont l'intérêt stratégique est primordial. Une oreille exercée ou disponible ne peut, cependant, que s'imprégner des musiques traditionnelles qui s'envolent au-dessus des murs, se moquant des frontières de quartier. Les « interdits de communiquer » sont durs à vivre pour l'artiste qui s'éveille inconsciemment. Les darboukas rythment la vie, et à force de rythmes répétitifs, de roulements, de rentrées, de breaks, nulle méthode, nulle explication théorique n'est nécessaire pour que le sens du tempo se confonde avec une pulsion innée. Le rythme de la foulée, le choc des doigts sur les tambours d'argile, tout cela fait son œuvre lentement. Les échos des fêtes arabes ou juives se mêlent aux chanteurs de charme dont les voix s'échappent des villas de la colonie anglaise. Les tourne-disques distillent l'Occident, la Compagnie du canal valse, tangote, rumbalise, s'alanguit, et Claude rêve de casser les murs.

Il se sent à l'image de la topographie des lieux. Français lyonnais par le grand-père, italien par sa mère Lucie qui ne perdra jamais son accent calabrais, européen de culture et de goût, sa première petite amie est anglaise, il ne manque plus que la coloration noire américaine pour compléter l'esquisse du futur Cloclo. Original, difficile, il affirme une tendance naturelle aux caprices, aux crises de nerfs, et aux débordements affectifs, que sa sœur Josette, de trois ans son aînée, observe avec amusement, terreur ou curiosité.

Homme de contrastes dans un pays qui n'en manque pas, il sympathise avec les gens du petit peuple lorsque l'aristocratie « provinciale » d'Ismaïlia défavorise les rapprochements. Son instabilité reflète celle de la politique, qui fait de cet endroit une poudrière prête à voler en éclats.

La maison des François n'a-t-elle pas déjà été détruite par un bombardement, obligeant la famille à émigrer au centre de la ville dans une résidence appartenant à la grand-mère ? Claude a ainsi suivi l'enseignement des frères de Ploërmel, comme pensionnaire, à la suite de la mutation de son père à Port-Tiewfig. Sa solitude interrompue une fois par semaine par le retour au foyer lui donne cet esprit d'indépendance et cette boulimie affective qui régiront les années futures. Le brevet obtenu de justesse, l'expérience du lycée français du Caire, sa chambre d'étudiant toute proche des studios de la radio, il fantasme sur ce merveilleux moyen de dialogue et de communication dont il sera plus tard le champion. Son premier bac l'année précédente, et la deuxième partie à passer cette année le mènent vers l'incertitude (ce n'est pas l'orchestre monté avec des amis qui peut rivaliser avec les disques entendus à la radio ou prêtés par des employés sympas). Le *Be Bop A Lula* de ce nouveau chanteur Gene Vincent, le *Blueberry Hill* de Fats Domino, ou le *Blue Suede Shoes* de Presley ne sont pas en danger. La France lointaine découvre Bécaud et son *Alors raconte ?* : leurs chemins se croiseront plus tard. La musique noire pointe son nez avec les Platters, et Piaf sort *L'Homme à la moto* (il y a un sacré jeu de batterie dans cette dernière chanson). Oui, le blues et le jazz ont fait un mariage heureux. Ce petit rock and roll nouveau-né va certainement devenir grand.

La solitude du coureur de fond lui convient bien, c'est le combat, et il n'y a qu'un gagnant, pense-t-il en rejoignant la maison. Les deux frères ont été vaincus, et la douche réparatrice fera tomber toute sa fatigue. Ici, tout passe à la vitesse des bateaux du canal et les rêves s'accrochent aux pavillons de tous bords qui sommeillent le long des mâts.

Mais en cette dernière semaine du mois de juin, la place n'est plus aux rêves. La terre tremble sous les mouvements de troupes ; la crise de Suez porte de graves coups à la France de Guy Mollet et inquiète sérieusement les ressortissants de la Compagnie du canal. En effet, les Américains ayant décidé de ne plus soutenir le financement du barrage d'Assouan, les représailles égyptiennes ne se font pas attendre. Nasser est en place depuis deux ans et reste conscient du pouvoir qu'il peut exercer sur le commerce mondial en regardant d'un peu plus près le ciel qui se reflète dans les eaux du canal. Cette voie d'eau rêvée et commencée il y a près de deux mille ans, réalisée par un Français, permet aux navires marchands d'économiser deux mois de voyage. Il suffit de quinze heures pour relier Port-Saïd à Ismaïlia, la mer Rouge à la Méditerranée, en passant en convois (la navigation ne pouvant se faire qu'en sens unique). Un blocus éventuel pourrait gravement compromettre l'équilibre économique des pays européens.

Le climat est si tendu que la colonie anglaise est évacuée le 18 juin. Et lorsque le colonel Nasser nationalise le canal le 26 juillet, une page est tournée pour la famille François attachée à cette terre devenue soudainement étrangère, voire hostile. Les bateaux de l'exode sont prêts, et la France métropolitaine, avec sa petite dose d'ingratitude habituelle, accueille néanmoins les réfugiés les bras ouverts. Après un bref séjour à Paris (dans le XVIIe arrondissement), toute la famille, en manque de large, décide de rejoindre Josette, la sœur aînée, qui vit à Nice avec son mari depuis deux ans. L'achat d'un appartement à Monte-Carlo engloutit la prime de réinstallation.

Le père, Aimé François, ne se remettra jamais de ce retour. Il fait partie de ceux que l'injustice crucifie irrémédiablement. Ce sentiment d'abandon, après avoir tant donné, est si aigu, que, de déprime en anorexie, il se laisse aller au désespoir, faiblissant tant physiquement que moralement au point de ne plus jamais refaire surface.

Claude, adolescent, devient le vrai chef de famille, luttant quotidiennement contre la misère au hasard de quelques francs gagnés dans des petits boulots, et de quelques fruits mal surveillés dépassant légèrement des comptoirs d'épiciers. Ils se sont pourtant réfugiés dans le fief même de la richesse... Monaco abrite un drame à la Zola, le sien, et cela Claude ne peut le supporter. Un petit séjour derrière un comptoir comme employé de banque et le voilà claustrophobe ; la sédentarité ne lui convient pas. De plus, sa fierté teintée d'orientalisme lui interdit de laisser transparaître un semblant de déchéance. « Il me semble que la misère serait moins pénible au soleil », chante Aznavour, mais cela ne s'applique pas à la famille François pendant cette période noire. Cette richesse environnante, presque à portée de la main, lui donne toutefois le sentiment que tout est possible et c'est ainsi qu'il rôde autour des musiciens qui animent les lieux privilégiés de la Principauté. Deux orchestres tiennent le haut de la scène et donnent le rythme à la vie nocturne des lieux. Le grand orchestre d'Aimé Barelli, et celui de Louis Frozio.

Aimé Barelli : « Tout à fait au début, il traînait un peu, disant déjà qu'il voulait chanter ; il jouait des tumbas et venait s'amuser avec nous. Très ambitieux, on sentait qu'il aurait défoncé n'importe qui, il voulait arriver. Je n'y croyais pas sur le plan musical, il n'était pas très fort, mais c'était un rythmicien, c'est énorme ! Il a joué des tumbas avec nous avant d'aller travailler avec Frozio. Il jouait d'ailleurs avec tout le monde et même probablement avec Barney Wilen, le saxophoniste, qui suivait à l'époque une tendance “free” très à la mode dans le jazz. »

Tous ces grands orchestres représentent pour Claude une école formidable. Ces ensembles qui passent du jazz au typique, de la valse au slowrock, et du fox-trot au bebop ont comme mission principale de faire danser et de distraire. Et Claude se voit déjà sautant de la batterie aux tumbas, en esquissant deux pas de danse. Le micro le démange. Mais pour l'instant il passe ses journées à faire des allers et retours entre le port et le palais sur un vieux scooter asthmatique, transportant en amazone de grosses Américaines enchantées et quelquefois généreuses. Tout cela pour quelques spaghettis de plus.

Madame François, la maman qui jouerait sa vie pour son fils, le présente alors à Louis Frozio : l'Italien de Bergame. Ils ont en commun le même accent. Claude et sa détermination font le reste.

Avec Frozio, sur scène, il surplombe les belles soirées de l'International Sporting Club. C'est le must ! et y passer quelques heures, même en luttant contre une batterie, c'est déjà forcer les portes du strass et du luxe. On n'en sort pas très riche, mais le spectacle est dans la salle.

C'est aussi l'heure du premier conflit de la vie d'homme. Celui qui le dresse contre son père est peut-être le traumatisme dont il souffrira le plus longtemps. Pour Aimé François, ce fils a basculé dans le monde incertain des saltimbanques. Il n'est pas dans les traditions familiales de laisser tomber les études pour des baguettes. Mais avec le recul, la raison de cette brouille n'est-elle pas tout simplement la conséquence des malheurs trop récents, de leur accumulation, du déracinement, de l'effondrement de toute une idéologie basée sur une certaine idée de l'ordre, sur des valeurs auxquelles les François se sont accrochés pendant deux générations ? Le ton de la dispute est néanmoins monté à un tel point qu'à compter de ce jour Aimé François n'adressera plus jamais la parole à son fils.

« Le petit blond » de chez Frozio se déchaîne le soir, et suit des cours d'harmonie à l'Académie nationale de musique. Pas le temps de bronzer. Les vacances lui font déjà horreur. Dans le hall de l'hôtel de Paris, en août 87, j'attends Louis Frozio. Rien n'a probablement changé depuis les années folles. La richesse des parures est aussi intemporelle que la beauté des jeunes femmes attendues par des chevaliers servants aux vestes blanches assorties au cuir des Rolls somnolentes qui naissent et meurent à Monte-Carlo.

Le bal de la Croix-Rouge est pour demain et déjà le gala prend vingt-quatre heures d'avance dans le périmètre du casino. Claude devait ressembler à ce musicien pressé, qui pourtant laisse passer devant lui une caravane de princesses enrivïérées de blancs bleus, avalées par les portes tambours, puis ressuscitées à une foule de touristes assoiffés de rêve : parmi elles, Grace Jones, la perle noire.

Trente ans ont passé et Louis Frozio s'apprête à jouer comme tous les soirs, éternel jeune homme à la mémoire précise.

Louis Frozio : « La musique primait tout. Pendant que Barelli partait pour se reposer, Claude réunissait trois ou quatre musiciens, et ils répétaient un quatuor de chant formidable.

« Ta ra da ba tap... bada ba tap... à quatre ! Et je me souviens : ce quatuor, Barclay m'avait dit de l'amener à Paris. Mais moi je ne pouvais pas... je jouais tous les jours ici. Claude faisait la troisième voix... formidable ! Et ça lui a servi dans les disques pour faire les tierces.

« Il a passé une première année assez dure ici... pas beaucoup d'argent, mais au bout de deux ans ça tournait mieux pour lui.

« Au début, il ne gagnait presque rien, au point d'ailleurs de ramener des restes des cuisines pour nourrir sa famille, son père étant malade ; le directeur artistique du cabaret ne voulait pas qu'il chante. C'est pour cela, et peut-être pour un peu plus d'argent, qu'il est parti chez Marcel Bianchi à l'hôtel Provençal de Juan-les-Pins chanter *J'aime Paris au mois de mai*...

« Mais quand il est revenu, il m'avait surtout touché avec une chanson qui disait : "Même s'il m'arrivait quelque chose...", qui avait été écrite par la femme de mon pianiste Bernard Peiffer ; elle fonda plus tard les fameux Double Six (groupe vocal qui donna naissance aux Swingle Singers, avant d'inspirer les Manhattan Transfer). »

Un soir de 1977, nous sommes six autour d'une table. L'ambiance est à la bonne humeur. Claude, détendu, raconte...

« À cette époque, je faisais un peu tout et n'importe quoi. Jouer du typique est une école de rythme formidable et j'en avais plein les mains après avoir fait du spectacle. J'en chiais à cette époque !... mais y avait un truc dont je rêvais, c'était de pouvoir m'offrir un jour le parfum de Guerlain Jicky... Les femmes qui le portaient me rendaient fou. Bref, j'avais aussi une autre obsession, c'était d'avoir un perroquet. Genre gabonais, avec des couleurs, bavard, enfin, bon, un perroquet !

« Donc, après m'être battu contre mes fûts et mes peaux, avoir dansé, fait l'animation, il m'arrivait d'aider à ranger le matériel, et de temps en temps, de faire la salle quand tout le monde était parti, pour gagner un peu plus. Un soir comme beaucoup d'autres, Onassis et la Callas étaient là ; et elle, qui avait la plus belle voix du monde, m'envoyait des "Bravo... Encore..." ! Drôle, non ?

Enfin, j'en reviens à ce fameux soir : le Grec, le spectacle terminé, distribue des billets à tout l'orchestre et me glisse cinq cents francs de l'époque ! Tu te rends compte ! Ce jour-là, j'étais comme un fou. Le lendemain j'ai couru chez l'oiseleur pour trouver ce fameux perroquet. C'est un cacatoès que j'ai fini par acheter, le gabonais n'était pas dans mes prix. Deuxième escale, vers le parfum de mes rêves... un flacon de Jicky. Le soir avant de partir au casino, je vérifie que tout est en ordre dans la maison, le flacon bien posé sur le meuble, le perroquet, qui avait un foutu caractère, sur son perchoir avec sa chaîne... et pour la première fois, c'est à contrecœur que je fonce au Sporting faire le guignol. La soirée passe trop lentement, j'avais vraiment les nerfs... qu'une seule envie : retrouver ma chambre pour essayer de tirer deux mots au volatile, respirer un bon coup de Guerlain, et m'endormir en rêvant au palais de marbre rose que je me ferais construire sur une île un jour. Le dernier "standard" terminé, je fonce comme un malade chez moi. Déjà dans l'escalier, je suis frappé par l'odeur. Pas de doute... mon parfum... je crains le pire... j'avale l'escalier par paquets de huit marches, et une fois la porte ouverte et la lumière allumée je découvre le spectacle ! Effrayant ! Des plumes partout ! sur le sol, sur le meuble, une tornade de plumes qui se soulèvent avec la porte qui se referme, et surtout... mon flacon ou plutôt ce qu'il en reste, en miettes, les essences diluées dans l'air ambiant, de quoi tomber raide d'asphyxie et de désespoir ! Mais surtout, surtout, plus de perroquet ! Le perchoir est par terre, il suffit de suivre la chaîne... sous le lit ! Aplati, les mains dans le verre cassé, à travers un nuage de duvet, je vois l'animal... je tire la chaîne, et ce que je ramène n'a plus rien à voir avec un cacatoès... Il est à poil ! complètement à poil ! (éclat de rire rétrospectif) sauf la touffe sur la tête (hoquet... rires... toute la table pleure). Attendez, je continue... merde ! (Claude s'essuie les yeux.) Je comprends tout : ce con de perroquet, en voulant voler, a déséquilibré le perchoir, entraînant je ne sais comment le flacon dans sa chute. Si bien qu'il s'est retrouvé complètement repeint avec le parfum. Ça lui a provoqué immédiatement une allergie, et les vapeurs trop fortes pour sa petite tête l'ont rendu siphonné. Il s'est arraché toutes les plumes, sauf naturellement celles de la tête !

– Qu'est-il devenu ?

– Je l'ai gardé quelque temps. Il avait toujours froid, et il était resté fou, au point de guetter chaque poil qui risquait de se transformer en plume. Immédiatement, il l'arrachait, avec un air rageur et satisfait, tout en continuant de grelotter.

– Difficile de le croire.

– Juré, d'ailleurs j'ai des témoins...

– Mais tu ne l'as pas gardé...

– En fait, lorsque j'ai décidé d'aller à Paris, je l'ai filé en garde au coiffeur qui était juste en dessous de chez moi. Il flippait : "Vous êtes sûr que ça va repousser ? parce que comme ça... il va faire fuir les clients... Hein ! – Mais non, je lui répondais... C'est juste une mue !" Enfin, le coiffeur a fini par l'installer dans sa vitrine.

– C'est fou ton truc.

– Non, écoute. Laisse-moi parler ! Il y a cinq ou six ans, on était à Cannes, chez Gastounette sur le vieux port. Je raconte cette histoire aux musiciens et bien sûr personne ne me croit. Ça me rend fou de rage ! Je décide de prendre la voiture et d'aller voir avec quelques témoins si par hasard...

– Si le perroquet était à la même place !

– Arrête de me couper ! Je peux continuer ? Merci ! Donc, on arrive à Monte-Carlo ; il est cinq heures du matin... la boutique du coiffeur est toujours là. On s'approche de la vitre en plaçant nos mains sur nos tempes pour mieux voir dans l'obscurité (Claude mime la scène, hurlant de rire), on le voit, sur son perchoir, le même, faisant toujours la gueule, à poil, en train de se geler les couilles. Quelle histoire ! »

Les souvenirs de cette époque s'estompent un peu lorsqu'il s'agit de restituer la chronologie exacte de ses passages dans les diverses formations de la Côte. Mais si, pour Frozio, sa première voiture est une Chevrolet mauve, et pour Barelli une Cadillac violette, c'est déjà le signe, après quelques mois de cachets réguliers, d'un besoin d'extérioriser un désir de réussite. Frime ? Pas vraiment. Très conscient que l'apparence crée la star et que l'on ne prête qu'aux riches, il usera de ce système tout au long de sa carrière. Nous sommes bien loin du style « grand frère » du Souchon des années 80. L'Amérique flirte avec la Côte d'Azur et pendant que le prince Rainier accueille la fiancée d'Hollywood, le petit blond qui fait rire la Callas trépigne intérieurement.

C'est au Sporting qu'il va rencontrer sa future femme, Janet Woolcott. Elle est danseuse, grande, anglaise de surcroît, et brune...

1959 sera l'année de leur rencontre. Pendant qu'Henri Salvador hurle à la France hilare *Faut rigoler !*, que Charles Aznavour grandit en swinguant *Je ne peux pas rentrer chez moi*, et que *Milord* marque la séparation sans sommations de Piaf et de Moustaki, Claude et Janet seront mari et femme en 60. Gainsbourg pointe les oreilles en poinçonnant aux Lilas, pendant que notre

B.B. nationale rapporte plus de devises que la Régie Renault en montrant le haut sous la bénédiction du saint le plus permissif : Saint-Tropez. Sami Frey et Distel se castagnent pour elle à coups de scoubidous. Mais tous ces petits remous n'affectent en rien *Peggy Sue* de Buddy Holly, Eddie Cochran ou le Genius Ray Charles et ses Raeletts qui font répéter *What'd I Say* au monde entier. Paul Anka entame un second succès avec *You Are My Destiny*. Claude et lui se croiseront beaucoup plus tard. Hallyday collectionne déjà les disques d'or et notre héros s'énerve !

La Côte d'Azur a la couleur du succès, le reflet du bonheur, le spectre de la réussite, mais... ce n'est pas la réussite. Si l'on en peut conquérir les miettes avec un cabriolet d'occasion, Paris c'est une autre affaire.

Avec famille, femme et bagages, c'est le retour à la case départ, vers la pluie et le froid. Nous sommes fin 61 et le drapeau noir flotte de nouveau sur la galère.

## 2

## *Les sixties à fond les paillettes*

Le 45 tours microsillon remplace définitivement le 78 tours que l'on plaçait religieusement sur le pick-up du salon. Eddie Barclay en est le prophète et le premier importateur du système en France. Les électrophones Teppaz à piles ou secteur encombrent, au prix record de 100 francs, les rayons de Prisunic. Les jeunes blousons noirs déchirent la nuit sur leurs 45 $cm^3$ Malagutti ou leurs Paloma-super-Strada-Flash, pendant que l'étudiant modèle décharge des caisses la nuit aux Halles, encore situées dans le ventre de Paris, pour s'offrir le dernier Solex 3 800 à 350 francs.

Pour l'artiste, sans le support du disque, point de carrière possible. La société entière s'est adaptée au phénomène. Les jeunes ont leurs musiques, leurs modes, leurs idoles et surtout leurs émissions de radio sur la toute jeune station Europe 1. Avec *Salut les copains*, c'est le début de l'empire Filipacchi et la fin des chanteurs dont les Français vantaient la « jolie-voix-qui-n'avait-pas-besoin-de-micro-ni-de-faire-du-boucan-pour-réussir ».

Le débraillé fait jeune et on dit pratiquement adieu aux André Claveau, Dassary et autres Ulmer pour découvrir les vedettes balbutiantes du premier hit-parade. On lit la lettre de Johnny, en s'étalant du Clearasil sur les boutons d'acné, et la double page centrale du journal des copains tapisse le dernier espace de la chambre du grand frère qui doit partir pour l'Algérie où les Chaussettes noires doivent soutenir le moral des troupes.

Claude se fait engager dans la formation toute neuve d'Olivier Despax, les Gamblers. Despax est le petit « Delon chantant ». Belle gueule et voix sans grande personnalité. Il abandonnera peu après le disque pour se consacrer exclusivement au cinéma, jouant aux côtés de Paul Meurisse, par exemple, dans la série des Monocles, avant de mourir trop jeune d'un cancer.

Mais, du Caramel parisien au Papagayo de Saint-Tropez, Claude s'impatiente tout en donnant des leçons de twist à Brigitte Bardot. C'est non seulement la place du leader de groupe qui hante toutes ses nuits, mais surtout, il veut passer du côté des autres, de ceux qui comme Johnny galvanisent les foules grâce au disque. Pour l'instant son tour de chant assorti d'exhibitions dansées ne lui rapporte que 90 francs de cachet fixe. Plus tard, payé 250 francs avec pourcentage, sa situation s'améliore, au moins en apparence. Il rivalise d'élégance avec les Italiens frontaliers, couvrant Janet de cadeaux, polissant sa voiture comme un tuba de fanfare.

## Rien, rien, rien que notre amour

1961 est l'année de tous les dangers. Les chansons américaines déferlent sur les électrophones et si, par malheur, elles n'ont pas la chance d'être soit gardées en leur état original, soit adaptées avec talent ou finesse, elles subissent un sort qui relève vraiment d'une exécution capitale, tant sur le plan musical que du texte.

*Let's Talk About Us* (« Parlons un peu de nous ») d'un certain Blackwell, qui deviendra *Je bois du lait* par Les Pirates, reste un exemple. C'est aussi l'année où Charles Aznavour se voyait « déjà en haut de l'affiche », qu'une certaine Bamba cartonnait avec Dario Moreno. C'est aussi la création de *Stand By Me* par Ben E. King. Eddy et les Chaussettes noires bercent les chaumières avec leur *Daniéla*.

On ne pourrait parler du paysage de la chanson sans mentionner la télévision qui apparaît sur les buffets des salles à manger comme par enchantement. On ne zappe pas puisqu'il n'y en a qu'une, c'est la une, mais on se dispute en voyant gesticuler les yé-yé grâce à l'émission de Jacqueline Joubert, digne maman d'Antoine de Caunes, femme de Georges du même nom. Et on découvre de nouvelles têtes, grâce à la gentillesse de Line Renaud, dont Johnny n'oubliera jamais l'aide efficace et sincère ; Denise Glaser avec « Discorama » psychanalyse un peu, tandis qu'Albert Raisner, un talentueux harmoniciste, crée le pendant de *Salut les copains* à la télévision, au titre lui aussi inspiré d'une chanson de Bécaud, encore lui : « Âge tendre et tête de bois », et accueille tout ce qui bouge, danse et chante. Elvis questionne : *Are You Lonesome Tonight* ?, *West Side Story* fait bondir l'image de New York et on snape des doigts, comme Georges Chakiris, dans les escaliers de secours des HLM qui « fleurissent » sur la ceinture de Paris.

Enfin, en novembre de cette même année, le coup de pouce du destin se manifeste à travers l'amitié qui unit sa sœur Josette au saxophoniste hollandais Jerry Van Royen, arrangeur de l'orchestre d'Aimé Barelli. Jerry présente Claude à Jean-Jacques Tilché, directeur artistique chez Fontana.

Jean-Jacques Tilché, éditeur actif, a vécu la jonction entre deux époques importantes du métier, prenant en 62 le bon tournant. Ancien guitariste de Ray Ventura, il bifurque vers la production phonographique, chez Philips, label Fontana, devenant le premier directeur artistique de Claude. Avec le sourire complice marquant les privilégiés qui ont essuyé les colères du « coq », il nous parle de la première rencontre.

« J'ai reçu ce garçon timide, blond, avec un nez plutôt fort dont il était d'ailleurs assez complexé. Il me dit : "Voilà ce que je fais." C'étaient des disques souples sur lesquels il avait enregistré des standards de jazz avec ses amis. Cela ne pouvait m'intéresser, je le lui dis... Il se vexe et repart avec sa femme qui l'attendait dans la voiture. Un mois plus tard, il revient avec une chanson qui s'appelait *Nabout twist.* Je suis emballé et nous signons immédiatement un contrat. J'avais tellement peur que l'on pique l'idée de cette chanson – un twist arabe – que je fais faire une pochette dessinée, plutôt que d'organiser une séance photo qui nous aurait demandé plus de temps. Mais lorsque tout est prêt pour le pressage, le directeur commercial de la maison Philips me dit qu'il s'oppose à la sortie de ce disque, dont la plupart des paroles sont en arabe : nous étions en pleine guerre d'Algérie. Nous sommes donc obligés de le refaire avec des paroles françaises, tout en conservant quelques phrases de la première version. Pour la petite histoire, on peut signaler dans les chœurs qui accompagnent Claude pour cet enregistrement, la présence de Nicole Croisille et Hugues Aufray.

Ce *Nabout twist* s'est très peu vendu. Mais on sentait déjà, en Claude, un garçon aux dents longues, maniaque et perfectionniste.

La femme de Jean-Jacques est turque, la cuisine orientale effacera souvent les accrocs de leur parcours.

Le contrat bien en poche, l'enregistrement terminé, Claude descend sur la Côte où l'attendent ses complices de la nuit, en tapissant les platanes de la nationale 7 avec ses propres affiches : « Le *Nabout twist* chanté par Koko. » Ce parcours fléché s'arrête sur les murs de la villa de l'Aga Khan, qui appréciera si peu la chose qu'il lui fera infliger une amende. Tilché, devant le rejoindre quelques jours plus tard, n'aura qu'à suivre le jeu de piste.

Dans la série des perles rares, signalons le quatrième titre figurant sur ce premier super 45 tours, qui n'est autre que le célèbre *Clair de lune à Maubeuge*... Dans le souci de ne rien laisser au hasard, Claude avait osé reprendre cette œuvre « impérissable », comme de nombreux interprètes de l'ancienne génération se le permettaient.

Le *Nabout twist*, *L'Ali Baba twist* et le *Clair de lune* sont trois espèces de chefs-d'œuvre du genre burlesque. On y découvre un garçon plein d'humour. Voix accélérée, style Mickey, dans le *Clair de lune*, publicité pour le *Nabout twist* dans la coda de *L'Ali Baba twist* (« Sésame, ouvre-toi, on vient danser le nabout twist ! »). Extraordinaire sens du tempo, son un peu « live », voix pleine et optimiste, on est loin de la sophistication stressée des enregistrements à venir.

Mais tout n'est pas aussi simple qu'un chemin d'affiches qui mène vers le soleil. Ce premier disque reste un échec et l'équipe naissante fait connaissance avec les affres de la création. De plus, l'énergie dégagée par Claude attire les volutes de fumée bleue du havane d'Eddie Barclay. Ce dernier est prêt à affronter tous les procès pour refermer la main du bouillonnant Koko Cloclo sur un stylo et lui faire parapher un contrat... Ce qu'il obtient d'ailleurs, profitant de la fièvre d'un samedi soir champagnisé.

Claude, dans un moment d'égarement, signe un contrat parfaitement illégal et accepte même une avance. Les vapeurs dissipées, les esprits retrouvés, la promptitude de Jean-Jacques aidant, l'avance est rendue avant d'être perçue. Le contrat est déchiré, on se fait une bouffe et on n'en parle plus.

## Début 1962

La fille du grand parolier Léo Koger, Vline Buggy, débute dans l'écriture de chansons. Mais loin de fouler les plates-bandes de son père et son jardin de Marinella, Pigalle, Corse, île d'amour et autres *Fleurs sauvages*, elle est de son époque : cette nouvelle génération est sensiblement la sienne.

Avec *C'est pas sérieux, mon amour*, immortalisé par Dick Rivers et les Chats sauvages, elle porte un sérieux coup à la chanson dite « à texte ». Cette adaptation d'un titre de Cliff Richard donne à réfléchir aux intégristes de la rime intérieure avec rejet : comment peut-on vendre des millions de disques avec une telle désinvolture ? C'est le grand tournant.

Jean-Jacques Tilché ne compte pas que Claude dans son équipe. Un certain Lucky Blondo, qui a remporté un premier succès avec *Jolie Petite Sheila* et donné par la même occasion un pseudonyme à la jeune Annie Chancel « et ses paquets de bonbons », est à la recherche de titres pour son nouveau 45 tours. Une chanson des Everly Brothers, *Made to Love* ou *Girls, Girls, Girls*, a retenu son attention ainsi que celle de son producteur. Mais le texte français que Vline Buggy propose ne leur dit rien qui vaille. « Rien, rien, rien que notre amour », décidément, cela ne sonne pas. Tilché propose le titre à Claude... qui réagit de même. « J'adore la chanson originale, mais qui a écrit le texte ? Buggy ? Elle ne veut rien changer ? J'en fais mon affaire ! Donne-moi son fil, je l'appelle immédiatement. »

Vline Buggy (*Belles, belles, belles, Pauvre Petite Fille riche, Céline, Les Bals populaires, Pour le plaisir*, etc.) : « Je venais de perdre ma sœur Évelyne, grâce à laquelle j'ai pris le nom de Vline. Seule, avec un enfant, j'étais abandonnée à Paris. Un éditeur, Rudy Révil, des Éditions Tropicales, me demande de passer le voir, c'était un signe du ciel... ma sœur peut-être. Quand je suis arrivée au rendez-vous, il m'a parlé des hit-parades, il n'y avait pas de Top 50, bien sûr. Je lui ai dit : "Donnez-moi une pile de disques. Je vais dans la pièce à côté, je choisis une chanson pour écrire le texte français." C'était *Girls, Girls, Girls*. Quelques jours plus tard, sa secrétaire, Nicole Protat, m'appelle : "Cette chanson correspondrait bien à un garçon qui a une formidable personnalité, ça ne m'étonnerait pas qu'il arrive... mais il a des réticences sur le texte, il va d'ailleurs vous appeler... Il s'appelle Claude François."

« Deux jours plus tard, Claude est au bout du fil, amusé de parler à une femme parolier. Le rendez-vous est pris, il arrive avec deux heures de retard. C'est déjà presque un record d'exactitude. Il va droit au but : "Rien, rien, rien que notre amour... ça ne sonne pas du tout, il faudrait des féminines là-dessus, du style danse, danse ou belle, belle, belle." Je ne savais pas au final que c'était à peu près la traduction de l'original. Mais avec *Belles, belles, belles*, c'est une amitié indestructible qui venait de naître. »

Et Vline d'ajouter : « C'est d'ailleurs mon futur mari qui lui a communiqué l'amour des vins et des cigares ! Claude ne fumait pas, mais en adorait l'odeur... »

Le deuxième 45 tours est donc enregistré rapidement. C'est le premier véritable disque de Claude François, sous son vrai nom. Là encore une question s'est posée, à Jean-Jacques Tilché et à l'idole naissante qui oubliait sa femme dans la voiture américaine pendant les rendez-vous : fallait-il conserver ce nom bien français à l'heure des Johnny, Dick, Eddy et autres Rivers ou Anthony. Un peu risquée, cette affaire ! Mais le plus gênant, selon Tilché, n'était pas le manque de consonance anglaise, c'était plutôt l'association des deux prénoms qui pouvait présenter un manque d'originalité et d'efficacité mnémotechnique.

Jean-Jacques Tilché : « En fait, nous avons cherché quinze jours durant un autre nom. Chacun de notre côté. Mais sans rien trouver. Si ! nous avions retenu... Claude Farel. En définitive, nous avons gardé Claude François et ce n'est que beaucoup plus tard que le diminutif de Cloclo est apparu. »

Le disque est enregistré en quatre pistes par l'ingénieur Roger Roche dans les studios du boulevard Blanqui. La bande est prête, Jean-Jacques, une épreuve toute chaude sous le bras, fonce à Europe 1, en plein « Salut les copains », pendant que Filipacchi est à l'antenne ; à force de gesticuler derrière la vitre de la cabine, ce dernier l'aperçoit et lui fait signe d'entrer.

Cette façon d'agir, pourtant logique et naturelle, est devenue absolument impensable de nos jours où réunions, « brainstormings », « plans de campagne » ou « stratégies » auraient précédé, sans oublier les prises de tête à deux mains dans le genre : « Belles belles, belles... : et Dieu dans tout ça. » C'est donc pendant le passage d'un disque que nos deux hommes discutent hors antenne.

Tilché : « Voilà, c'est quelque chose que nous avons réalisé cette nuit. Voudrais-tu le passer ? »

D. Filipacchi : « Non, je ne peux pas, le "conducteur" de l'émission est fait... mais, tu as l'air si sûr de toi, si tu me jures que c'est bon... allez, on y va ! »

L'assistant pose l'épreuve sur la platine et pour la première fois *Belles, belles, belles* se répand sur la France des « copains ». Le standard est bloqué.

Claude François est né !

Mais la nouvelle étoile va aussi faire connaissance avec les paradoxes qui ne cesseront de jalonner sa carrière, alternant souffrances et succès. Son père, Aimé François, ne verra jamais cette réussite qui lui faisait peur : il meurt, en mars, s'en allant rejoindre les « anges qui pleurent la pluie » – pour paraphraser l'une des dernières chansons de Claude, pudiquement dissimulée au cœur d'un album.

Claude s'entend pour la première fois à la radio à Courchevel, où il est allé jouer avec les Gamblers. Il leur restera d'ailleurs fidèle en gardant trois d'entre eux pour sa première tournée en vedette.

Le succès de *Belles* n'est plus à démontrer et pourtant ce titre restera l'une de ses ventes les plus modestes. Le lancement s'était d'ailleurs fait dans une relative indifférence de la part de Philips, la première émission de radio en public de Claude s'étant soldée par un succès mitigé. Le producteur de ce show, Jean-Jacques Vital, n'avait pas senti le raz de marée futur. D'autres grands directeurs de programmes se sont ainsi trompés sur des carrières naissantes. Le premier disque de Johnny cassé en direct sur l'antenne par le grand Lucien Morisse, directeur des programmes d'Europe 1 quelques années auparavant, est un des épisodes les plus truculents de la mutation des années 60.

Claude met au point une petite chorégraphie avec l'ex-danseur cousin de Johnny, Lee Hallyday, qui officie comme Tilché à la direction artistique de chez Philips. Efficacité avant tout ! Mais les petits pas d'une esthétique discutable auront l'avantage d'être mémorisables pour ne pas dire irrésistiblement imitables. Déjà à cette époque il n'envisage pas d'être autre chose que « le premier ». Investir par peur du lendemain ? Non ! Plutôt brûler l'argent pour que les feux de la rampe fonctionnent comme il le souhaite. Il s'achète néanmoins un appartement modeste, bien qu'agréable, boulevard Exelmans. Il en fera sa résidence principale toute sa vie durant. À sa demande, on lui fabrique un appareil radio capable à la fois de capter et d'enregistrer les programmes nocturnes des stations anglaises, afin d'être informé en permanence des différents mouvements musicaux d'outre-Manche. C'est ainsi qu'il sera souvent le premier à bloquer, auprès des éditeurs originaux, les chansons susceptibles d'être adaptées avec quelques longueurs d'avance sur ses concurrents du hit-parade. Il agit quelque peu en patron d'entreprise, Jean-Jacques Tilché gardant cependant l'autorité sur son poulain par le simple fait que son statut ne dépend pas de l'artiste, mais de la maison de disques.

L'année de *Belles* est celle de la rencontre avec Paul Lederman qui « drive » à ce moment un groupe de Nice, Les Loups-Garous. Lederman est aux imprésarios ce qu'est Barclay aux producteurs de disques. C'est un solitaire qui n'appartient à aucune horde, fût-elle sauvage, ni à aucune famille spécialisée dans le « management » d'artistes. Lorsque Brel racontait qu'il avait pour habitude de compter les Marouani pour s'endormir, il suffisait en revanche, à la même époque, de compter sur un seul Lederman pour réveiller une carrière. Paul Lederman a senti le potentiel attractif qui ne demande qu'à exploser. C'est un homme de bon sens et il possède cette naïveté du spectateur type qui aime ou rejette sans se poser la moindre question, en apparence du moins. Ne faisant aucun cadeau à Claude, il le conduit d'une main de fer, négociant les contrats à la manière d'un colonel Parker pour un Presley en pleine gloire.

Son ascendant est indéniable. Il faut ajouter aussi que, davantage homme de terrain qu'homme de l'art, il ne tentera qu'en de très rares circonstances d'intervenir sur le choix discographique de Jean-Jacques Tilché. Chacun son rôle.

## 1963

Février de cette année 63. Trois titres inondent les ondes : *Moi je voudrais bien me marier* (mais pas avant trente ans), *Marche tout droit* et *Dis-lui*. Le rythme spécifique de Claude fait mouche, ça swingue ! Les leçons de Sammy Davis Junior, avec lequel Claude a travaillé au Sporting de Monte-Carlo, portent leurs fruits.

Claude, pris en main par Paul Lederman, foule immédiatement les plates-bandes des grands de l'époque, indifférents aux nouvelles têtes qui, comme lui, ont les plus grandes ambitions. Richard Anthony fait « siffler le train », et Françoise Hardy apporte la touche « Sagan-bonjour-tristesse-estudiantine » qui manquait au tableau des yé-yé trop souvent taxés de « petits fronts ». C'est ainsi qu'il grignote la place de vedette d'une tournée avec les Chaussettes noires, alors qu'il l'avait commencée en « lever de torchon ». La permission refusée d'Eddy Mitchell, alors en plein service militaire, y est aussi pour quelque chose. Mais si le métier est constitué de petits hasards, il faut savoir en saisir les subtilités et les interpréter à leur juste valeur, pour en tirer l'avantage nécessaire. C'est ainsi qu'il va être la révélation des « Idoles des jeunes » du mois d'avril 63 sur la scène de l'Olympia, aux côtés de Sylvie Vartan, des Tornados qui cartonnent avec *Telstar*, des Brutos, inspirateurs des Charlots, de Pierre Vassiliu qui chante « C'était un pauvre gars qui s'appelait Armand », et surtout de Colette Magny, égarée avec *Mélocoton* au milieu des yé-yé. Dans la salle, une fan au regard d'ange admire Claude, au point d'aller, comme beaucoup d'autres, le féliciter dans sa loge. C'est lui qui est honoré de recevoir cet « ange bleu » : Marlène Dietrich en personne lui prédit une grande carrière.

Avec la Callas et Marlène, le fan club de Cloclo qui vient de naître grâce à Josette Martin, une de ses plus fidèles vestales, s'agrandit. C'est d'ailleurs à partir de ce moment qu'il va prendre une importance primordiale dans sa vie et sa carrière. Son fan club sera en effet un lien véritable entre lui et son public. S'il l'utilise d'une manière souvent excessive ou discutable, Claude doit une grande partie de sa réussite à la dévotion des fans. Avec l'aide de Josette, il innovera en la matière : « Ne nous contentons pas d'envoyer des photos dédicacées... Agissons ! » Par radio interposée, RMC ou Radio-Andorre, on organise des référendums : « Quelle est ta chanson préférée sur le dernier super 45 tours ? » Les cartes-réponses sont classées, comptabilisées, et on renforce la promotion sur le titre choisi. Les votants reçoivent des cadeaux et la foule des fans fait exploser les standards téléphoniques. Le courrier ne reste jamais sans suite. Les milliers de lettres sont ouvertes par l'équipe du fan club ; et déjà l'homme de marketing apparaît derrière l'artiste. Il règne sur une poignée d'admiratrices prêtes à toute action bénévole en attendant de futures structures. Nous sommes encore loin de l'entreprise du boulevard Exelmans, mais on s'y dirige doucement. Ces jeunes compagnes de l'aventure qui ne fait que commencer lui resteront fidèles – et réciproquement. Les cadeaux ou les câlins sont les récompenses usuelles de tout ce dévouement. La seconde catégorie est souvent sollicitée et Claude ne s'en montre pas avare. Si les femmes ont toujours été son point faible, les jeunes filles restent son point fort. En ce qui concerne la maniaquerie musicale, c'est galopant. Il s'entoure comme toujours des meilleurs, et quand ces derniers présentent en plus l'avantage d'être des amis ou des complices des jours difficiles, c'est vraiment le bonheur : ce qui est le cas de ses partenaires musiciens.

Cette année 63 est peut-être la clé de toute la carrière de Claude, en ce sens que l'accumulation de tubes et de galas lui permet d'imposer sa présence spectaculaire. En juin 63, il est entouré de trois ex-Gamblers – Jean-Pierre Sabard, qui sera remplacé plus tard par le jazzman René Urtreger, Philippe Mathé au sax ténor et Jean-Marie Davies à l'alto – ainsi que de Willy Lewis, transfuge des Chaussettes noires, sans oublier Jean-Pierre Ingrand. Cette formation va essuyer ses premières colères de leader et charger d'énergie des enregistrements dont Claude continue de soutenir le rythme infernal. La machine à tubes est en route au rythme de deux succès tous les trois ou quatre mois. En juin, pendant que se tient le premier festival libre de musique rock, place de la Nation, réunissant 200 000 jeunes et quelques centaines de blousons noirs, avec tout le gotha des stars de l'époque, Johnny en tête, Frank Alamo, etc., les jeunes filles s'évanouissent sur *Des bises de moi pour toi*, libre adaptation du *Kisses From Me to You* des Beatles, et s'apitoient pour une *Pauvre Petite Fille riche* mystérieuse, qui exprime l'amour blessé d'un gosse d'Alexandrie. Le 20 août, c'est l'émeute au Cannet-Plage. La sono défectueuse abandonne Sylvie Vartan au milieu de son tour de chant et déjà Claude en tire une leçon dont, pour une fois, il n'a pas fait lui-même les frais. La technique doit suivre ! Il impose des investissements en sonorisation, en lumière, quitte à faire importer des États-Unis ou d'Angleterre les amplis, les projecteurs qui rendent son show compétitif avec les plus grands happenings scéniques.

En avril, Claude est troisième du hit avec *Dis-lui*, cinquième avec *Je voudrais bien me marier*, septième avec *Marche tout droit*, dixième avec *Belles, belles, belles*, quinzième avec *Langage d'amour* et vingt-huitième avec *Vénus en blue-jean.*

En juillet, il s'octroie des vacances (studieuses) sur la Côte, excepté un petit break d'une semaine, le temps d'une séance de photos pour *Salut les copains* et de quelques interviews pour Michel Cogoni sur Europe 1. Le hit-parade du mois d'août voit triompher Johnny avec *Da doo ron ron*, talonné par Sylvie avec un tube chanté en anglais, *I'm Watching You.* Claude est troisième avec *Si tu veux être heureux* et totalise six titres dans le Top 50 de l'époque, Hallyday et Sylvie en ont presque autant. En variétés étrangères, on voit apparaître à la toute première place un morceau d'un petit génie de douze ans qui chante et joue de la batterie, virtuose étonnant de l'harmonica. Son titre ? *Fingertips* ; son nom ? Little Stevie Wonder. On oubliera vite le « Little » qui semblait déjà de trop. L'Amérique profonde se trémousse sur le tempo alterné slow et rock du *Devil in Disguise* de Presley. En troisième place, un autre frère de nuit de Stevie, Ray Charles le Genius, apparaît.

En octobre, loin de se reposer sur ses lauriers, il amène l'énergique *Si j'avais un marteau* qui ensoleille une fois de plus les têtes, avant une fin d'année qui traumatise toute la jeunesse de l'époque. Le 22 novembre, lorsque J.F. Kennedy meurt sous les balles de Lee Oswald ou de son ombre, une idole meurt à Dallas sans avoir jamais chanté.

## 1964

Le mot « vacances » est rayé du vocabulaire de Claude, la chasse au tube est plus féroce que jamais. Dès le mois de janvier, c'est un enregistrement en italien, puis *Chaque jour c'est la même chose* et *La Petite mèche de cheveux* qui n'a rien à voir avec celle d'Adamo ! Le printemps est marqué par une autre reprise des Beatles, *Je veux tenir ta main*, qui ne fera pas oublier l'original, *I Want to Hold Your Hand*.

Autour de Claude les fans se multiplient, avides de ses apparitions, tendant des traquenards auxquels il ne résiste pas. Ce peuple mouvant, de plus en plus fidèle, il décide de le « manager » en lui donnant tout ce qu'il désire. Photos, gadgets, disques, tee-shirts... Cela demande une organisation démoniaque. La précision est de règle, et toute lettre nécessitant une réponse, il demande à Josette Martin de créer une réelle structure autour du fan club. « Martin » lui apporte l'aide précieuse de celles qui n'ont qu'un seul amour, le sien. Cet amour, cette affection qu'il sait si bien distiller, en intriguant, dressant les différentes familles de fans les unes contre les autres, par un baiser supplémentaire donné par la portière de la Lincoln Continental, de la Ferrari ou de la Maserati. Certaines obtiennent ses faveurs, d'autres se gèlent l'hiver, devant la porte de son appartement : les blondes ont souvent sa préférence, les brunes – si elles sont plus jeunes – ont toutes leurs chances. Mais à travers le fan club, c'est la petite fille de Monceau-les-Mines, du Creusot, ou la divine enfant qui s'ennuie dans un quelconque palais vénitien qu'il veut faire vibrer. Les photos regardent la France au fond des yeux bien avant que Giscard n'en pique l'idée – ils s'en expliqueront plus tard en chantant *Mon beau sapin* ensemble au Noël 75 de l'Élysée.

Au printemps de cette année 1964 Claude achète le moulin de Dannemois, en pleine floraison. L'endroit est situé près de Milly-la-Forêt, donc proche de Paris, et si le charme qui en émane lui donne envie d'y passer quelques heures de son précieux temps, il sait compenser cette perte d'activité en y invitant des gens du métier qui peuvent contribuer plus efficacement à sa réussite... Ce n'est pas un hasard si *La Ferme du bonheur* sort quelques semaines après cette acquisition ; c'est du reste l'occasion de remarquer que toutes ses chansons, écrites et composées avec les plus grands paroliers ou compositeurs du métier, ont une inspiration autobiographique.

Claude n'était pas homme à cosigner abusivement un texte ou une musique. Excellent mélodiste, il aimait cependant développer ses idées avec de véritables compositeurs comme Jacques Revaux (*My Way* en sera l'illustre exemple) ou Jean-Pierre Bourtayre à partir de 68. À l'exception de quelques titres, des adaptations notamment, aucune idée de musique ou de texte ne s'est concrétisée sans un synopsis détaillé de Claude, qui trouvait parfois aussi le titre lui-même. Pierre Delanoé, Eddy Marnay, Franck Thomas peuvent en témoigner. Le soin apporté aux paroles, à la recherche de la simplicité, les séances de « brainstorming » autour d'une phrase ou d'un mot, propres à faire perdre le sommeil à Vline Buggy ou à Yves Dessca, étaient menés comme de véritables campagnes de publicité. Le résultat se traduisait par une redoutable efficacité.

Le travail d'un parolier est fort ingrat. Chercher à faire sortir l'interprète d'un créneau dit « populaire », en le faisant soi-disant évoluer par des textes plus sophistiqués, peut mener à la catastrophe. L'artiste se retrouve tout à coup hors public, désavoué ou incompris de ses fidèles, tout en restant ignoré de ceux qui ne l'ont jamais aimé. Évoluer en conservant son public était la chose la plus importante pour Claude. Mais c'est dans la recherche de rythmes nouveaux, comme le reggae, qu'il a été le premier à chanter en français (*Et pourtant la vie est belle* ou *Toi et le soleil*), qu'il trouve le moyen de faire les choses en douceur. Admirateur de Charles Aznavour, il perpétue le « je » et le « tu » de la chanson d'amour traditionnelle quand il ne se laisse pas aller à l'hyperréalisme flamboyant et exhibitionniste de ses états d'âme. *Le téléphone pleure, Le Mal-Aimé, Je chante des chansons, Le Chanteur malheureux* en sont les plus flagrants exemples. Nous le remarquerons ponctuellement dans la suite des événements.

Au mois de février 64, il se passe quelque chose autour de l'Olympia. Imaginez le programme : Trini Lopez chante *If I Had a Hammer* (« Si j'avais un marteau ») et surtout *La Bamba* qui est le hit du moment. La vedette du spectacle est Sylvie Vartan. Mais la sensation réside en fait dans la présence des Beatles en lever de rideau ! Le public de Lennon, Paul, George et Ringo s'éclipse à l'entracte, laissant une salle à moitié pleine seulement pour notre vedette féminine nationale. Ce soir-là on sent pour la première fois en France frémir un vent de « beatlesmania »...

En mai, il se produit l'événement qui chamboule la vie de tous les copains : Johnny part faire son service militaire comme tout bon citoyen qui se respecte. Le soldat Smet, uniforme sur mesure, est incorporé en Allemagne comme Elvis Presley quelques années plus tôt. La coupe de cheveux, le concert en kaki, tout prend une tournure médiatique propre à donner au rock une image plus rassurante. Pendant ce temps-là, tel un véritable « Iznogoud-qui-veut-toujours-être-calife-à-la-place-du-calife », Claude met les bouchées doubles.

Toutes les figures mythiques de la musique font leurs armes européennes à Paris au cours de Musicorama, et autres Music-hall de France télévisés ou non. On croise volontiers sur les plateaux Tina Turner et les Ikettes, sous la férule intransigeante d'un Ike plus spécial que jamais, on imite la marche du canard de Chuck Berry sans faire « coin coin » pour autant. Et l'été 64 est celui de la première tournée de Claude en vedette. Il culmine en haut de l'affiche où l'on retrouve Les Gams, Les Lionceaux et Jacques Monty. Les Gams avec *Il a le truc* (« He's Got the Power ») ont eu bien raison de quitter la maîtrise de l'ORTF où elles s'égaraient dans le trip Tom Pilibi et autres bluettes.

Ce métier, elles ne le lâcheront plus jamais, Suzy deviendra la femme de Lee Hallyday, Michèle Léger s'orientera vers l'édition, Annie Markhan se transformera en attachée de presse de choc.

Claude a du caractère, tout le monde le sait déjà. Mais pendant cette tournée, « il pousse un peu loin », avouera plus tard Jacques Monty.

Jacques Monty : « C'était vraiment le type même du maniaque. Nous passons à Vichy et, soudain, il se met à pleuvoir des cordes sur les sept à huit mille personnes présentes. Transi, trempé, assis sur des chaises blanches style jardin de casino, le public attendra pendant plus de deux heures l'arrivée de Claude sur scène. La raison du retard ? Tout simplement, le secrétaire de Claude a oublié la ceinture en croco qu'il porte avec son costume de scène ! Mon père lui propose alors la sienne, qui est la réplique exacte de l'objet du scandale : rien à faire, Claude ne voudra pas chanter tant que le pauvre secrétaire, Ticky, ne lui ramènera pas la ceinture restée à l'autre bout de la ville. Les gens, stoïques sous la pluie, étaient loin ce jour-là de se douter de la vraie raison de leur douche forcée... et personne ne lui en a voulu. »

En octobre, Claude accorde une interview à Éric Vincent de *Salut les copains*. Il est en pleine gloire. Tout ce dont il a rêvé, il le possède... presque. Quand on lui dit qu'il a brûlé les étapes, il avoue le faire avec des Ferrari. Mais lorsqu'on évoque son ascension, et quelles réflexions sa fulgurance lui inspire, il répond : « À la vérité, je ne réagis pas. J'en suis un peu groggy. On a bien su dire que l'effort mérite récompense, que le travail paye toujours ou d'autres phrases idiotes, il arrive un moment où on est assommé parce que c'est formidable, terrible, extraordinaire de se sentir suivi par le public. Pour moi ce métier était pratiquement un idéal, un destin, et de l'avoir réalisé me rend fou de joie. Ça donne envie de foncer et c'est une sensation vraiment géniale. »

Au sujet des questions matérielles : « J'aime le confort peut-être parce que je suis de nature bourgeoise et aussi parce que j'ai connu pendant mon enfance des périodes difficiles. Il y a des choses qui marquent. »

C'est d'ailleurs là qu'il faut peut-être voir l'origine de son intransigeance, impitoyable vis-à-vis de lui-même et par conséquent terrible pour les autres. « J'ai toujours peur de ne pas être suffisamment au point. Une sorte d'anxiété me rendant insupportable avec les autres. J'exige beaucoup et parfois on m'en veut. »

Tout en trouvant le temps nécessaire au tournage et à l'enregistrement de *Cendrillon*, Claude monte en septembre pour la première fois en vedette sur la scène de l'Olympia. Ce n'est pas un récital, mais la première partie compte, outre Michèle Torr, qui connaît un premier succès avec *C'est dur d'avoir seize ans*, Jacques Monty et Pierre Vassiliu, la divine interprète de *Anyone Who Have the Heart* : Dionne Warwick. N'oublions pas, pour la petite histoire, que la non moins sexy Whitney Houston n'est autre que sa nièce... quelle famille ! La jeune Dionne n'en est qu'à ses débuts, mais cette coloration « soul » dans le spectacle ne peut qu'être en accord avec les pulsions « Tamla » de Claude.

On remarquera dans ce nouveau tour de chant un *J'y pense et puis j'oublie* nostalgique, écrit par Vline Buggy, omniprésente depuis les débuts, qui marque la séparation définitive avec sa femme Janet. C'est de toute façon un triomphe.

## 1965

L'année 65 démarre par un voyage aux États-Unis pour un reportage photo de Jean-Marie Périer à paraître dans le *Salut les copains* du mois d'avril. On y voit Claude assis sur le « strip » de Las Vegas, enfumé par les bouches d'aération new-yorkaises, ou rêvant devant les chapelles à mariages rapides. En dehors de toutes les joies de ce voyage, il retiendra le malaise ressenti par la découverte de la ségrégation raciale qui est encore très dure à cette époque. Ascenseurs pour Noirs, ascenseurs pour Blancs... Claude est révolté.

Toujours artiste Philips, Claude n'a qu'une idée en tête : être « le patron » des variétés françaises. De plus en plus nerveux, il malmène son entourage, épuisant les musiciens, piquant des crises démesurées pour un oubli, le moindre problème prenant des proportions inimaginables. Le petit monde des yé-yé proprets commence à sentir les remous de la pop music londonienne qui squatte une bonne partie du potentiel d'achat des teenagers. Les groupes anglais déferlent sur les ondes, les clubs, les disquaires. Deux tendances partagent la perfide Albion comme une nouvelle guerre des Deux-Roses. Beatles et Rolling Stones se battent pour la « pole position », déchaînant de mémorables batailles rangées entre mods et rockers – ce qui de nos jours en France pourrait se présenter comme un conflit sanglant entre jeunes gens et jeunes filles du XVIe courchevelisés et nourris de lactose France-Gallienne, contre skinheads et punks réunis pour la bonne cause banlieusarde, sous la bannière noire de Gogol et la Horde. Avec la Souris déglinguée en renfort...

Ces petites guerres, qui ont toujours existé entre jeunes, étaient dues habituellement aux inégalités sociales, cette fois-ci, c'est le goût musical qui en est la première cause. Deux styles de vie s'affrontaient. En France aussi, où la variété a toujours été relativement partagée entre la tendance minets mode, dite « commerciale », et l'univers rock aux connotations plus marginales. Les « Cloclos » contre les « Jojos » en quelque sorte.

Entre le cri au secours *Help* des Beatles et la *No Satisfaction* des Stones, l'Olympia et le palais des Sports se déchirent.

Claude se rend plusieurs fois au chevet d'une petite leucémique, Lisette (il donne même un tour de chant avec ses musiciens dans la chambre de l'enfant), qui éprouve ainsi une de ses ultimes joies. La presse s'en empare et, qu'il soit ou non complice du gonflage médiatique, un reportage en direct couvre l'événement. Marqué par la disparition de la fillette, le lendemain même, il écrit une chanson en sa mémoire : *Terry*.

Son show scénique de plus en plus énergique, chaque

chanson étant amorcée avec un tempo largement supérieur à celui des versions discographiques, l'enchaînement entre les titres sans attendre la fin des applaudissements, le solo de batterie qu'il continuera à effectuer jusque dans ses derniers galas, et surtout son incroyable numéro de danse où il saute sur des gros toms, le mettent dans un tel état de surexcitation qu'il tombe dans la fosse d'orchestre à Abbeville (trois côtes cassées).

Ses amours sont tout aussi tumultueuses. Le Moulin se souvient encore de ses disputes avec France Gall qui partagera sa vie jusqu'en 67. Ne chante-t-elle pas à son intention *Laisse tomber les filles* ? Ses amis sont fidèles, comme Michèle Torr dont il favorisera la rencontre avec un autre grand nerveux, son copain Christophe.

À Loconville le 12 avril, « les copains » suivent en Mobylette le cortège de Johnny et de Sylvie unis pour le meilleur et pour le disque.

Pendant que James Brown foule le sol français, « un bateau passe » dans la vie de Claude... La tournée d'été réunit Guy Mardel, qui « n'avoue jamais », les deux amoureux précités, Christophe et Michèle Torr, Eileen l'Américaine tout droit arrivée des campus et un comique, Gaston, qui partagera beaucoup de galères avec Claude, avant de rejoindre les Compagnons de la chanson.

Les blagues de toute cette équipe de collégiens perturbent la vie des hôtels de province. On frappe, par exemple, à la porte de Michèle :

– Oui ?

– C'est le garçon d'étage !

– J'ouvre.

Et là, toute l'équipe, Cloclo en tête, en chemise mais sans... le bas, exécute une gigue effrénée autour de la pauvre débutante qui pense mourir de honte.

Claude n'est jamais le dernier à blaguer quand le moment est favorable. Mais, paradoxalement, lui jouer des tours facétieux comporte des risques qu'il n'est pas utile de prendre. Passant sans transition du fou rire le plus communicatif à la colère la plus noire, il montre dans ces cas-là un comportement proche de la schizophrénie.

Ultime consécration, le *Salut les copains* du mois d'avril 65 est entièrement consacré à Claude.

Un de ses plus proches amis, le photographe Jean-Marie Périer, trouve le surnom désormais légendaire de « Cloclo ». Tout est dévoilé sur le Cloclo 66, et il est impressionnant de constater combien il est resté fidèle en amitié à tous ses collaborateurs de la première heure. Bien sûr, il cessera de travailler avec Jean-Jacques Tilché, son directeur artistique, en quittant les disques Philips, mais non sans avoir cherché à le « kidnapper ». Il embarque en tout cas Nicole Gruyer, qui restera sa collaboratrice jusqu'à la fin ; Vline Buggy écrira régulièrement pour lui ; Paul Lederman, Josette Martin, l'ingénieur du son Roger Roche resteront toujours au nombre de ses proches. Il y aura bien sûr des équipes nouvelles, et des ouragans dont les secrétaires-chauffeurs ne se remettront pas, des tempêtes et autres lames de fond qui feront faire naufrage à quelques musiciens, mais Claude poursuit son avance vers le succès, tout en conservant les bases affectives indispensables à son équilibre instable.

On apprend ainsi qu'il se fait faire ses chemises sur mesure aux États-Unis, qu'il adore les femmes-enfants (qui l'ignorait ?), qu'il vénère les toiles de Moretti, les opalines anciennes et le marcassin à la gelée de groseille, qu'il joue du piano (mal) et de la guitare classique (bien). On découvre qu'il déteste se sentir observé, qu'il abhorre le train et les reptiles, ainsi que les filles qui fument (la cigarette), les inactifs, les snobs, les insensibles et les rouspéteurs, et que ses goûts en matière d'ameublement vont vers l'ancien, qu'il a, enfin, les barbes et les moustaches en horreur. Plus sérieusement, qu'il déteste parler de la mort.

Dans une interview qu'il accorde à Éric Vincent quelques années plus tard, au mois de décembre 72, il dévoilera brièvement ses hantises : « J'ai peur de tout : de me tuer en avion, d'avoir une maladie incurable, de me retrouver crevant de faim, d'avoir des infirmités, je suis constamment sur le qui-vive. Mais c'est ma façon de vivre et d'être heureux d'une certaine manière. »

Une version italienne de *Belles, belles, belles* est enregistrée pendant l'été. Pas question de rivaliser avec le *Satisfaction* des Stones qui envahit le marché mondial en juillet. Claude est plutôt du côté Beatles. Ses goûts vont toujours vers les mélodies, ce qui lui fait préférer Mozart à tout autre compositeur classique. Ce qui touche à la recherche musicale non spontanée, intellectualisée, il le rejette systématiquement. À ses yeux, les Stones représentent par trop la violence. Mais le pouvoir attractif de Mick Jagger envers le public le rend fou de jalousie.

Cette rentrée 1965 est importante. Il doit la marquer d'un Musicorama le 12 octobre sur la scène de l'Olympia. Claude Bolling et les Parisiennes (parmi lesquelles la future speakerine Évelyne Leclerc) font partie du spectacle. Certains pensent que cette formation aurait donné à Claude l'idée de créer les Clodettes. Rien n'est moins sûr. J'y verrais plutôt une transposition des groupes féminins dont la maison de disques Tamla Motown était la championne. Quoi qu'il en soit, ce 12 octobre marque pour Claude un triomphe supplémentaire.

## 1966

C'est l'explosion anglaise. La révolution amorcée par nos amis britanniques l'année précédente dépasse tout ce que l'on peut imaginer. Les Beatles ne font qu'une bouchée des États-Unis. Mais le mouvement ne se contente pas d'être uniquement musical, il véhicule une mode vestimentaire, une façon de renouer avec un dandysme oublié. Les coupes avec frange sur le front, la taille basse, cintrée par de gros ceinturons de flic qui retiennent un pantalon serré aux cuisses et démesurément large en bas. La patte d'éléphant écrase les prix !

Il faut créer l'événement pour ne pas se laisser dépasser. Claude réagit en créant la première équipe de Clodettes composée de quatre danseuses : deux Noires et deux Blanches. Pat, Windy, Siska et Solange. Recrutées pour leur sex-appeal plus que pour leur beauté qui n'en reste pas moins évidente, ce sont les seules femmes que toute ménagère française doit pouvoir accepter dans la libido refoulée de son mari, jeunes et vieux confondus : « Ah ! mon homme... y court plus les filles, il y voit plus assez clair, mais quand y'a les Clodettes à la télé, eh bé, il est pas le dernier à approcher sa chaise. » Ces danseuses assez dénudées pour faire trembler leurs différents reliefs sur des pas de danse saccadés, d'un érotisme plus agressif que lascif, resteront l'arme absolue du système de Claude. Fantasme des garçons, exemple pour les filles qui se sentent mal dans leur peau, elles apportent un tonus aux émissions de télé, multiplient ainsi les indices de téléspectateurs dans les spectacles.

La famille de Claude s'installe au Moulin, pendant qu'il travaille *Cendrillon* pour la télévision avec Christine Delaroche. Cette comédie musicale coûtera quelques cheveux à Jacques Charron, qui donne pour l'occasion quelques cours de comédie à cet élève peu respectueux des horaires et qui, de surcroît, ne semble pas très doué pour ce genre d'exercice.

En dehors de la vague anglaise, une autre lame de fond soulève le paysage musical. Les émules de Dylan et de la vague beatnik font leur apparition dans l'Hexagone. Nous ne sommes qu'au mois de mai 66, mais avec ses cheveux longs, Antoine – qu'accompagnent Les Problèmes, futurs Charlots – met un sacré pavé dans la mare des institutions. Son premier album, très « protest song », voit se déterminer les jeunes de 66 en deux tendances : la non violente, qui se sent concernée par le Vietnam, imprégnée de Dylan, William Burroughs, Allen Ginsberg, et place dans un même panier les Sheila, Hervé Vilard, Frank Alamo, et celle, d'autre part, qui reste un réel public de variétés. La première préfigure le public rock que nous pouvons côtoyer dans tous les concerts « branchés », tandis que la seconde restera fidèle à une naïveté tout aussi respectable.

Si moralement, Claude souffre du divorce officiel avec Janet, l'été le voit à nouveau sur les routes avec les Clodettes qui déchaînent des scènes d'hystérie collective. Et il se sent bien loin de cette guerre acharnée que se livrent Antoine et Johnny par chansons interposées, n'ayant ni les cheveux longs ni les idées courtes. Johnny tentera, en septembre de cette année, de mettre fin à ses jours après avoir enregistré le *Black Is Black* de Los Bravos. Noir... c'est noir.

C'est avec l'Olympia que Claude va clôturer l'année : un marathon de trois heures, avec les moyens techniques les plus en avance sur l'époque.

Les spectateurs sont cloués à leur siège par la rapidité

avec laquelle il enchaîne les titres sans attendre la fin des applaudissements.

Et cette année 66, qui a commencé avec *Mais combien de temps*, s'achèvera par un quinzième 45 tours, *J'attendrai*, qui comporte une adaptation du fameux *Winchester Cathedral* dont il fera une autre version intitulée *Je travaille à l'usine*.

## 3

## *Enfin libre*
## *(1967-1978)*

On pourrait dire que l'année 67 est probablement celle du grand tournant de sa vie professionnelle. Cela fait cinq ans que Claude François est lié à Philips par contrat interposé. Sans avoir de reproches spécifiques à formuler à la maison nourricière, il sent que le temps de l'âge adulte est enfin arrivé. Le renouvellement de sa signature est alors en question. Cette fin de contrat le place devant l'opportunité dont il a toujours rêvé ! Être indépendant artistiquement, partant avec un acquis, un public, bref la puissance. C'est le P.-D.G. qui se réveille au fond de lui. Mais si pour lui tout est simple dans cette rupture, il n'entraîne malheureusement pas Jean-Jacques Tilché dans l'aventure. Il aura néanmoins le soutien de Nicole Gruyer, la fidèle assistante de Jean-Jacques. Et bien vite il achète des locaux pour édifier sa ministructure.

Mais son indépendance ne porte pas sur la distribution, et Claude a des impératifs à respecter : il est certes, dorénavant, son propre producteur, il touche une confortable garantie, mais en revanche il doit remettre deux albums par an à son distributeur, à dates fixes, sous peine de perdre ladite garantie. La course folle commence. Le label Flèche est né. La flèche électrique présente derrière Claude sur certaines photos réveille maintenant toutes les questions possibles sur la prédestination. Il en fait son emblème, son logo. Son 17e et dernier 45 tours Philips comporte un nouveau tube, *Mais quand le matin*. Avec celui-ci sous le bras, il peut partir une fois de plus en tournée tout en modifiant pour la première fois le personnel des Clodettes. Madly, Évelyne, Patricia et Lydia rejoignent la troupe. Avec une autre innovation qui le situe de plus en plus dans le style de Tamla Motown, l'adjonction d'une section de cuivres.

La future image de Claude est presque parfaitement dessinée, avec ces changements scéniques et son autogestion. Il ne manquait plus qu'à donner un coup de plumeau à la vie privée, quitte à le faire dans la volonté d'élargir la famille, sans tout à fait se ranger.

La rencontre avec Isabelle, jeune fille magnifique d'origine polonaise, lui fait oublier ses accès de nostalgie. Ils associeront leurs blondeurs respectives pour donner par deux fois une descendance masculine au chanteur. Isabelle s'installe au Moulin. Les fans continuent d'attendre devant la porte.

## 1968

Pendant que ça commence à bouger du côté de Nanterre, Claude commence l'année par un court séjour aux États-Unis. La Californie, avec les studios Universal, est au programme. Comment conquérir ce pays ? Cela devient chez lui un véritable leitmotiv. Mais peut-on chercher à montrer qu'il existe une autre chanson française, depuis Maurice Chevalier ou Piaf, lorsqu'on utilise soi-même tous les moyens de la technique américaine, de la sono jusqu'à la mise en scène (sans même parler des nombreuses adaptations que compte son répertoire) ?

Dans ses nouveaux bureaux de la rue Pierre-Charron, un petit monde s'agite... Le fan club prend sa vraie dimension et certains journaux lui prêteront 50 000 adhérents un an plus tard.

C'est avec *Jacques a dit* que les Disques Flèche inaugurent leur label.

Tout ne va pas pour le mieux, alors, pour les artistes français. Le métier sent déjà les soubresauts qui vont aboutir à l'explosion de mai 68.

Pendant que les Beatles présentent leur moyen métrage, *Magical Mistery Tour*, et triomphent avec *Hello Good Bye*, la violence fait son entrée sur les écrans avec le très contesté *Bonnie and Clyde*. Une mode en découle rapidement : le béret pour les filles, le chapeau mou pour les garçons qui seront bien vite décoiffés par les pavés du 13 mai.

Pour le premier 45 tours des Disques Flèche, Claude adapte une chanson des Bee Gees, *La Plus Belle Chose du monde*. Impossible alors d'imaginer qu'une autre chanson de ce disque connaîtrait un succès mondial : *Comme d'habitude*, écrite en collaboration avec Jacques Revaux pour la musique et Gilles Thibaut pour le texte, est en fait le symbole de sa rupture avec France Gall, alors qu'Isabelle lui prépare un joli cadeau. Claude ne cède jamais à la mode lorsqu'il ne la ressent pas. Il laisse à Johnny le soin de jouer les Clyde, ainsi qu'à Gainsbourg et Bardot, pour essayer de promouvoir cette chanson qui lui tient à cœur. Malgré l'équipe artistique dirigée par Michel Poulain, elle ne sera pourtant que treizième dans le hit du mois de février. Démarrage difficile. Comme d'ailleurs la vie qu'il mène à tout un chacun : devenu patron, il impose une discipline exemplaire à ceux qu'il emploie, tant sur la scène qu'au bureau. Ses accès de colère ne dépassent pas le stade verbal avec ses collaborateurs, mais, exigeant avec lui-même, il est devenu tyrannique avec les autres. On lui prête volontiers des distributions d'amendes pour un accord mal placé ou une chemise de musicien mal boutonnée.

Paradoxalement, alors que les voitures brûlent rue Gay-Lussac et que les étudiants débattent avec les classes mélangées de la définition d'une révolution intellectuelle dans la Sorbonne qui s'érige en Convention, *Jacques a dit* caracole allégrement en tête du hit. On note l'arrivée à la quarante-huitième place d'un petit nouveau, Julien Clerc, avec sa *Cavalerie* de circonstance.

Du côté étranger, on peut noter la remarquable apparition de Simon et Garfunkel avec *Mrs Robinson*, musique du film *Le Lauréat*, avec ce diable de Dustin Hoffman, qui deviendra, au même titre que Paul Newman ou Robert Redford, la coqueluche de toute une génération.

Le « cadeau » d'Isabelle arrive le 8 juillet. Elle donne naissance à un garçon : Claude junior dit « Coco ». Faut-il voir dans l'attribution de son propre prénom une continuité souhaitée ou une garantie de survie ? Claude n'est pas vraiment le papa-poule. Et ce fils, blond comme ses parents, qui lui ressemble tant, ne gardera de son père qu'une image furtive. Il continue à courir les galas sans pour autant officialiser son union avec Isabelle. Il remet les choses toujours à plus tard, par crainte de perdre ses fans, en donnant de lui une image trop rangée.

Cette même année verra une tournée italienne avec les Clodettes ainsi qu'un périple en Afrique, du Tchad au Sénégal en passant par le Togo, le Gabon (où il est reçu par le président Bongo) et la Côte-d'Ivoire. Un reportage de *Salut les copains* le montre souriant, mais légèrement crispé. Ces faux moments de détente que sont les photos le hérissent. Donner l'impression de passer du bon temps... quelle horreur !

Jean-Pierre Bourtayre le rencontre plusieurs fois à cette époque pour lui proposer des chansons.

Jean-Pierre Bourtayre : « On se connaissait pour s'être déjà croisés dans le métier. Je l'avais rencontré en 64, je lui avais montré des chansons, mais ça n'avait rien donné. Par la suite, je l'avais revu à Biarritz pendant deux ou trois jours alors qu'il était en tournée, mais c'étaient des relations de métier, sans rien de spécial. Je l'ai revu, lorsque Buggy, qui s'était fâchée avec lui, avait eu envie de renouer, c'est dans ces circonstances qu'elle m'a demandé de travailler avec elle. Nous lui avons fait une chanson qui était *Avec la tête, avec le cœur*. Elle m'a présenté à Claude, mais au début il ne voulait même pas me voir parce qu'il n'aimait pas les nouvelles têtes. Buggy m'avait carrément imposé. Il a enregistré la chanson sans qu'on se revoie. Mais dès que ça a marché, il m'a rappelé, et petit à petit nous avons commencé à en écrire d'autres, et donc à nous voir de plus en plus souvent jusqu'au jour où son directeur artistique, qui était Michel Poulain, décida de quitter ses fonctions. Claude avait été très dur avec lui. Avant de le rencontrer, Michel occupait un poste important à *Salut les copains*, il avait un pouvoir immense. Quand le journal s'est arrêté (l'ancienne formule), Claude lui a proposé de venir travailler avec lui, ne cessant dès lors de s'employer à exercer sur lui une sorte de vengeance, en lui faisant tout faire. Claude m'a proposé de le remplacer. À l'époque, Paul Lederman continuait de s'occuper du management et j'ai eu un certain mal à m'imposer. Il faut dire qu'ayant commencé avec Claude dès que *Belles, belles, belles* fut chouchou à *Salut les copains*, ils passaient les nuits sur les routes, faisant toutes les télés ensemble, collant les affiches eux-mêmes. Paul l'a ainsi imposé dans beaucoup de choses, ils travaillaient vraiment ! Donc à partir du moment où je suis arrivé auprès de lui comme producteur, je n'ai plus fait de chansons pendant au moins un an. C'était fin 70, début 71.

– Comment avait-il abordé 68 ?

– Il ne l'avait pas abordé... il l'avait subi !

– A-t-il eu peur ?

– Oh non ! Il avait une équipe à faire tourner... techniciens, musiciens, etc., et comme il avait des chansons qui commençaient à marcher en Italie, la France étant impraticable au niveau des galas, il est parti en tournée là-bas.

– *Comme d'habitude* ?

– 68 a été surtout l'année de la première production des Disques Flèche. *Comme d'habitude*, cela n'a pas vraiment marché, enfin... tout juste comme un disque de Claude François, mais c'était sa première production indépendante, il s'était collé beaucoup de frais sur le dos, les bureaux...

– Était-ce le premier artiste à prendre une indépendance totale vis-à-vis des "major companies" ?

– Il y avait déjà à l'époque Henri Salvador et Guy Béart.

– Comment cela a-t-il été ressenti par les autres artistes ?

– Ils voyaient plutôt ça d'un bon œil, mais c'étaient les maisons de disques qui n'appréciaient pas. Ils étaient d'ailleurs persuadés chez Philips qu'il reviendrait en les implorant de le reprendre simplement comme artiste, parce que selon eux ça ne pouvait pas marcher. Il s'en est pourtant sorti. Quand je suis arrivé en 71, il en était à la fin de son contrat de distribution, qu'il a renouvelé pour trois ans. Mais c'était très stressant ; comme il avait une garantie importante chaque année pour faire ses disques, son contrat stipulait qu'il devait rendre deux albums par an, et cela à dates fixes. Il fallait qu'il remette son album d'hiver, mettons le 1er novembre, et pour l'album d'été il fallait donner les bandes début juin.

– Et si le délai était dépassé ?

– Si la date n'était pas respectée... il perdait sa garantie.

– Les enregistrements ?

– On faisait les bases en Angleterre, tout le reste du travail d'habillage, de voix, c'était au studio de la Gaîté. Au Week-End Club... juste à côté de Bobino. L'ingénieur était Roger Roche. Et plus tard Claude Martenot. Les enregistrements étaient faits en seize pistes. C'était très long puisque, comme à son habitude, nous nous y prenions au dernier moment. Et pour respecter cette date fatidique, nous travaillions jour et nuit.

– La réalisation était-elle plus difficile, plus lente, techniquement parlant ?

– Non ! Chaque progrès technique comporte ses avantages et ses inconvénients. Maintenant, synthés, boîtes, ordinateurs présentent l'avantage de pouvoir tout faire soi-même, sans nécessité de musiciens à des heures précises. C'est plus long par contre en ce sens qu'il faut tout programmer. Les play-back s'enregistraient plus rapidement, mais les chœurs, la voix, les mix étaient interminables ; toujours insatisfait, il voulait ajouter ou changer certaines choses, à défaut de tout recommencer au dernier moment. Exemple, pendant des séances commencées à dix-sept heures, sur le point de se terminer à cinq heures du matin, il décidait tout à coup de rajouter un orgue quitte à refaire une autre journée de mixage, et cela sur un titre quelconque qui n'avait, apparemment, pas le moindre espoir d'être un tube. Il voulait que ça se fasse tout de suite. Comme on ne pouvait joindre personne, il m'obligeait à jouer moi-même. Pour finir il trouvait que ce n'était pas assez bien et on finissait par s'engueuler. On avait perdu comme ça deux heures et ça compromettait la journée du lendemain, mais ça ne faisait rien, il voulait aller jusqu'au bout. C'est surtout avant de se rendre aux séances, comme tu l'as vécu aussi, qu'il s'arrêtait pendant deux heures dans le hall, en bas, pour discuter avec le gardien Pablo de la santé des plantes ! Pendant ce temps-là le studio "tournait", on ne travaillait pas, on n'avançait pas ! »

Le paysage de la chanson voit alors apparaître un certain Bashung, qui gagne le tremplin de l'été pendant que Jim Morrison, au faîte de sa gloire, est désigné comme l'homme le plus sexy de l'année ! Dépassée par un titre de Julien Clerc dans le hit-parade du mois de septembre, la chanson de Claude, *Après tout*, ne restera pas dans les annales. Il se rattrapera vite grâce à *Avec la tête, avec le cœur*, même si le succès d'*Héloïse* ne connaît son apogée qu'en 69.

« Les rapports avec les médias étaient-ils les mêmes du temps de Claude que de nos jours ? Étaient-ils vraiment tout-puissants ? Avait-on des moyens de pression ? »

Jean-Pierre Bourtayre : « Il n'y avait pas de moyens de pression puisqu'on est toujours placé au contraire en position de faiblesse. Claude, toujours généreux avec son entourage, avait pris l'habitude, par exemple au moment de Noël, de faire aussi des présents aux médias. Mais l'habitude était prise, et si un oubli arrivait cela se retournait contre nous. Sa générosité, à la limite, était prise pour une tentative de corruption. Mais contrairement à ce qu'on pourrait penser, il n'a jamais été facile d'imposer un disque de Claude. Même les chansons qui par la suite sont devenues des tubes, nous avons toujours ramé pour les imposer. C'est vraiment le public qui en décidait. Chaque fois, les médias le remettaient en question. Contrairement à un Hallyday qui avait une "aura" beaucoup plus importante que celle de Claude, au point de vue médiatique en tout cas. À chaque sortie de disque, on entendait la même critique : "C'est moins bien que l'autre", etc. Il y avait toujours un problème.

– Un exemple en particulier ?

– Oui ! *Chanson populaire*. Il y avait un manque de foi évident et même des réticences au sein de l'équipe. Certains collaborateurs disaient que c'était trop proche des *Lundis au soleil* et de *Viens à la maison*, ou encore moins bien. Quand ce nouveau est arrivé en radio, les programmateurs ont commencé à le passer et au bout d'une semaine, il est sorti des classements. Panique à bord du « boulevard Exelmans » ; pendant un moment on s'est demandé si les inquiets du début n'avaient pas eu raison. Finalement ça a quand même fait 600 000 45 tours. Toujours la bagarre ! »

## 1969

Après un début d'année dominé par l'arrivée en force de toute la vague pop française, des Variations, dont fit partie votre serviteur, à Alan Jack Civilisation en passant par Triangle, Lords, Dynastie Chrisis, Lionceaux, Lemons et autres Magma qui représentent le contre-courant, moquettes pectorales contre chemises à jabot, Claude passe de la Belgique à l'Italie où il fait une mini-tournée pour conforter le succès italien de *Quand le matin*. Il chante sur une sono Standel et utilise des stroboscopes. La tournée commencée à Rimini s'achèvera à Rome. C'est la première fois que la formule scénique est au grand complet. Aux Clodettes – dont Madly, la future compagne de Jacques Brel, et Peggy, qui réussit son passage en deuxième année –, il faut ajouter les Fléchettes qu'il définit comme un groupe vocal autonome composé de cousines : Martine, Francine, Catherine et Dominique !

L'école Cloclo est très efficace puisqu'elles constitueront longtemps l'équipe de choristes la plus recherchée en studio. Rapides, professionnelles, elles doublent, triplent les voix de nombre de vedettes françaises. Tendez bien l'oreille, vous reconnaîtrez la différence !

Claude présente la mode étrangère pour *Salut les copains*, pendant que le numéro d'avril de *Mademoiselle âge tendre* fait une « cover » très spectaculaire. Claude et Isabelle présentent Coco : les chapelles musicales commencent à accentuer le clivage des goûts du public. Ne lit-on pas dans le courrier des lecteurs : « Les Mothers of Invention de Frank Zappa... groupe laid, sale ; je prends beaucoup plus de plaisir à écouter Sylvie et Claude François. » La photo de tous les groupes français réunis laisse présager que la bataille va être rude. Les carrières solo sont-elles en danger ? Pas vraiment, puisque Claude se lance dans la production. Il veille au départ de la carrière d'Annie Philippe, de Jeff Barnel et de Liliane Saint-Pierre. Pris en filature par les journalistes, on peut apprendre que le planning du boss se découpe à peu près comme ceci un certain jour de juin :

12 h 10 : Claude arrive de Londres.
13 h 15 : dentiste.
14 h 05 : bureau.
16 h 50 : manteau de panthère en cadeau pour maman.
18 h 10 : départ en Oldsmobile pour une séance photo.
19 h 30 : arrivée au Moulin pour dorloter son fils.
21 h 00 : dîner entouré d'amis.
22 h 00 : salle de projection (pour *Scarface*).
00 h 10 : ping-pong, piscine.

On est encore en vacances si on compare aux journées de 1976 et 1977.

Le mini-K7 Philips vient de faire son apparition et il coûte déjà quatre cents francs. Godard tourne avec les Stones *One Plus One* et le *Sirop Typhon* de Richard Anthony est premier au hit-parade. Claude occupe la cinquième place avec *Reste*. Les galas se succèdent et pendant qu'*Héloïse* monte dans les classements, Claude annonce la couleur : « On ne peut plus faire en 69 ce que je faisais à mes débuts, il suffisait d'avoir un tube pour que le public soit ravi. Aujourd'hui, il faut du jamais vu... »

Pendant que le déménagement vers le boulevard Exelmans s'effectue, il prépare son dernier Olympia. Seize jours à guichets fermés : « Je prends un risque, celui d'être adoré ou détesté. Je vais essayer de chanter quinze chansons sans une minute de battement. C'est mauvais pour le souffle mais tellement agréable pour le spectateur. Les applaudissements ne servent à rien et s'arrêter entre chaque chanson ne fait que casser le rythme. »

Quand on lui demande quelle est sa place au milieu de dix-sept personnes, quatre danseuses, huit musiciens et le grand orchestre de l'Olympia, il répond sincèrement : « Ma place est secondaire. Je ne fais pas un tour de chant mais un spectacle. Si on veut m'écouter chanter, il vaut mieux acheter mes disques. Si on veut me voir, il vaut mieux regarder la télévision, mais si on veut assister à un spectacle complet avec moi au milieu... il faut venir à l'Olympia. » Il ajoute : « Je veux créer un univers extraordinaire pour tenir le spectateur en haleine. Tout doit bouger. L'éclairage sera très important. Tout sera basé sur le rythme et la lumière. J'ai rapporté d'Amérique un laser qui transpose en lumière les pulsations de l'orchestre. »

En effet, c'est un véritable triomphe, la presse est unanime, du très populaire *Parisien* (« Un cyclone balaye l'Olympia ») au très sérieux *Figaro* qui rapporte que Claude a l'intention de monter un show commun avec Johnny l'année suivante ; jusqu'à *L'Humanité* qui l'appelle affectueusement « le diablotin déchaîné ».

Le clou du spectacle, c'est *Héloïse*. C'est, d'après Claude lui-même, un spectacle dans le spectacle. Il fête la dernière avec Michel Simon et Éric Damain, le héros de *Jacquou le Croquant* qui fera son premier disque dix-sept ans plus tard.

## 1970

Tournée au Canada pour se mettre en forme et... « petit » malaise à Marseille. Claude craque sur scène. On doit le transporter d'urgence en réanimation. L'alerte a été chaude, le 15 mars est un mauvais souvenir.

Un petit voyage aux Canaries pour se remettre et notre ami est assez en forme pour s'offrir un accident de voiture sur éclatement de pneu, looping de Lincoln Continental compris dans le billet. En supplément, un nez cassé en dix-huit morceaux et des pommettes en compote. À peine sur pied, il repart en tournée avec Dani et C. Jérôme. Inspection surprise du camion de costumes sur l'autoroute. Josette Martin n'avait pas eu le temps de les ranger ! Il repart à 200 à l'heure sans avoir hurlé. Probablement préoccupé par la fin toute proche de son contrat de distribution avec Philips. Trois ans déjà qu'il a pris son indépendance. Il rempile pourtant avec la maison de la rue Jenner, mais en gardant la clause d'une distribution séparée pour les artistes qu'il produit.

C'est alors que *My Way* va connaître la consécration à travers l'interprétation de Sinatra. L'année précédente, Paul Anka avait fait son petit marché de chansons à Paris, chez les éditeurs, et le titre de Claude et Jacques Revaux était du nombre. De Sinatra aux Sex Pistols en passant par Elvis Presley, c'est la chanson la plus jouée aux États-Unis en 1969. Un « award » couronnant un million de passages dans l'année trône derrière Claude quelques années plus tard dans son bureau. Elle sera aussi la carte de visite qui lui ouvrira le marché anglais en 1976.

Le destin s'amuse. Le compositeur d'*Avec la tête, avec le cœur*, Jean-Pierre Bourtayre, prend la direction artistique des Disques Flèche. Aujourd'hui associé à la plupart des musiques de Michel Sardou, avec Jacques Revaux, il présente, en apparence du moins, un caractère à l'opposé de celui de Claude. L'un est sec et nerveux, Jean-Pierre est calme et confortable. L'un pratique la violence, l'autre répond par l'humour et ça marche. La rencontre est importante au point que les divorces fréquents ne sont jamais définitifs. Leur sensibilité est la même, et le sens de la mélodie reste leur point cardinal. Claude s'agite sans discontinuer, « Boubou » sait concentrer son efficacité dans un temps relativement court, se réservant le reste pour profiter de la vie. Lorsque le terme vacances provoque une crise d'urticaire chez le « diablotin sautillant », Boubou installe son transat dans l'eau transparente d'une plage mauricienne. Mais la chimie fonctionne au point qu'ils ne se quitteront pratiquement pas. Dès 75, j'assurerai les intérims, pendant les divorces, et l'office de punching-ball moral lors de leurs retrouvailles.

## 1971

Claude, Jean-Pierre et le reste de l'équipe artistique partent pour Detroit enregistrer dans les légendaires studios de Tamla Motown. C'est la même chanson, avec la section rythmique qui soutient les Temptations, Stevie Wonder et autres Four Tops. La réalité n'est pas tout à fait aussi flamboyante qu'ils pouvaient se l'imaginer. Si le son est magique, le décorum est léger. La fameuse flûte qui faisait tout le « gimmick » de la chanson est jouée par une honorable mamie aux cheveux d'argent et le studio a plutôt l'air d'un garage espagnol.

Une petite tournée canadienne pour se remettre dans le bain, et des vacances à Mykonos en famille pour se calmer les nerfs. Production de Patrick Topaloff et d'Alain Legovic dit Chamfort : « Je fais preuve pour les poulains de Flèche de la même fougue que s'il s'agissait de mes propres enregistrements. S'il y a la moindre erreur, je me sens directement responsable, mais cela m'amuse et m'excite de trouver des chansons pour Topaloff, Guy Bonnardot ou Alain Chamfort. Déterminer en chansons la personnalité de chacun de mes poulains est une entreprise passionnante. J'ai acquis une sorte de flair dans ce domaine, je sens les tubes à distance. »

« Avec le cœur », produit avec Michel Drucker, est une formule nouvelle d'émission de variétés : « Durant mes séjours en Angleterre et aux États-Unis, j'ai constaté la différence avec la conception anglaise ou américaine, qui répondait très exactement à ce que je voulais faire en France. Pendant quatre ans j'ai pris des notes, des idées, des gags et enfin, il y a un an et demi, mon projet dûment établi, je l'ai présenté à Pierre Sabbagh qui a répondu : "Intéressant, on vous écrira." Je suis revenu à la charge chaque mois en vain. Finalement, j'ai pu contacter Roland Dhordain, j'ai expliqué mon idée et j'ai eu la grande joie de voir qu'elle avait le feu vert. Alors j'ai commencé à avoir des craintes. Ainsi, pour présenter l'émission, il fallait quelqu'un qui soit un peu mon contraire. De préférence, pas trop grand ni blond. J'ai pensé à Michel Drucker qui, bien que spécialiste des sports, n'en a pas moins exercé ses talents avec adresse et maîtrise dans quelques émissions de variétés. Nous nous entendons à merveille. »

Sur le plateau, un autre miracle a lieu. Claude connaît l'admiration que porte Michel à une jeune comédienne qui mène une jolie carrière depuis ses débuts dans

*Dragées au poivre* : Dany Saval. Claude lui demande de participer au tournage et la rencontre avec Michel dépasse toute espérance : depuis, ils ne se sont plus jamais quittés. Cette amitié qui unit Claude à Michel, cette admiration réciproque ajoutée à cette complicité ne sera jamais altérée par le temps. Ils avaient en commun l'amour du public, la courtoisie et surtout un grand professionnalisme. Chaque mois de mars, Michel consacre à son ami une grande émission souvenir. N'est-ce pas au moment de partir tourner l'émission hebdomadaire de Michel que l'accident fatal a eu lieu ?

L'été 71 sera marqué par un « divorce ». Paul Lederman quitte Claude, ou Claude quitte Paul... peu importe. Leur parcours a été un sans faute, et Thierry Le Luron qui assure une première partie de tournée a tout le loisir de prendre les tics et la technique de Claude. Leur amitié restera néanmoins solide malgré les épreuves.

Les sociétés du boulevard Exelmans, réunies sous la raison sociale « Créations artistiques », sont en plein essor. Claude ne changera plus de profil. Le portrait de l'homme d'affaires est maintenant bien dessiné. Paradoxalement, à part quelques crises périodiques, son caractère va s'améliorer au fil du temps. Et en fin d'année, il rachète le journal *Podium*, qui va conforter son image médiatique.

## 1972

Pendant qu'on installe les maquettistes, en poussant les murs du 122, boulevard Exelmans, Claude enregistre un titre d'un jeune compositeur débutant, Patrick Juvet. C'est le succès des *Lundis au soleil* qui définit assez rigoureusement le système rythmique sur lequel dansera la France entière (le petit coup de tom après le quatrième temps des refrains qui fait toute la différence). Une jeune Finlandaise lui chavire le cœur, et aussitôt cela lui donne de nouvelles idées... de production télé cette fois.

En décembre 1972, Claude se dévoile professionnellement, dans une interview accordée à Éric Vincent. Il ne présente plus la mode, on ne lui demande plus quels sont ses critères de beauté, c'est du sérieux !

Plutôt que de terminer l'année sur un Olympia style 69, il préfère une tournée périphérique : « L'Olympia pour moi, c'est dépassé. Il faut adopter des formules de spectacle plus adaptées à notre mode de vie actuel. J'ai donc loué un chapiteau de quatre mille places et je me suis baladé pendant vingt jours de Suresnes à Gennevilliers en passant par Levallois ou Saint-Ouen. C'est une solution intéressante, d'autant plus que le chapiteau permet de baisser sensiblement le prix des places. »

On remarque bien sa préférence envers le public populaire, les faux intellectuels allergiques au strass sont écartés d'office. Lorsqu'il fait allusion à *L'Express* qui avait brutalement posé la question : « Pourquoi chantez-vous toujours des niaiseries », la réponse est tout aussi nette : « Je conserve mes fans, un public fidèle et toujours renouvelé, uniquement parce que, moi, je ne change pas, je n'évolue pas. Il se trouve que je fais la musique que j'aime, nerveuse, rythmique, spontanée et que je n'attache pas d'importance aux textes. En cela je raisonne à l'américaine. Les Américains s'accordent généralement pour dire qu'une chanson peut à l'extrême rigueur n'être que sifflée. Donc je me contente de textes simples et évidents. D'autre part, je suis prisonnier, ne serait-ce qu'à cause de mon physique. Me voyez-vous interpréter des chansons sérieuses, poétiques, ésotériques ou engagées ? Je serais risible, surtout sur scène où j'adore bouger et m'exploser. Le public s'est fait une certaine idée de moi et ne désire pas ma transformation... Je suis tel que j'aime être, je ne vois pas où est le miracle. »

## 1973

Non ! Ce n'est pas Giscard qui chante *Je viens dîner ce soir*. Les bureaux de « Créations artistiques » se gonflent de personnel, de plantes vertes, de groupies, et les projets se réalisent.

« J'ai pris quelques années, j'ai un fils et tout bouge autour de moi. Je me suis lancé dans les affaires non par goût ou parce que j'étais doué pour ça au départ, mais parce que c'était la seule solution pour préserver mon indépendance vis-à-vis de la chanson. »

Au mois de février, le mariage de Ringo et Sheila fait la une. Claude a échappé à ce genre de publicité, mais on peut imaginer ce qu'un tel événement eût provoqué. Lui, c'est avec deux énormes succès qu'il va faire danser la France des fêtes populaires. Mais le mois d'avril 73 va être marqué par l'inculpation pour fraude fiscale dont il est la véritable victime. C'est un désastre moral pour un homme aussi honnête et organisé. Pour une fois il a péché par excès de confiance. Un « James Bond » du ministère des Finances, membre de la DNEF (Direction nationale d'enquêtes fiscales), ne peut comprendre que les vingt-deux millions de francs gagnés dans les trois dernières années aient été réinvestis totalement dans

« Créations artistiques ». Cela tombe justement au moment où Claude, la veille du 1er avril, pose une question presque routinière au chef comptable du boulevard Exelmans : « Dites-moi, tout va bien ? Tout est en ordre avec le fisc ? Pas de problèmes ? – Non, Claude, vous pouvez dormir tranquille. »

Le réveil du lendemain est plutôt brutal au sens littéral du terme ! Les polyvalents frappent simultanément à la porte des bureaux et à celle de l'appartement. Claude en peignoir, obligé de leur ouvrir après une nuit agitée, pétrifié en les voyant fouiller la maison... la catastrophe ! Déclarations non faites. Négligences ? Peut-être. En tout cas, Claude est innocent. Ce petit empire difficilement construit ne pouvait risquer son existence pour la plus élémentaire des fautes. Il est cité à comparaître pour l'exemple, et inculpé d'avoir camouflé 1 200 000 francs.

En quittant le Palais, Claude déclare : « Je ne comprends rien à cette histoire, car nous, tous les gens du spectacle, nous faisons l'objet de vérifications et de contrôles périodiques. » Exact... 350 millions de francs seront ainsi récupérés par « l'État Jean-Pierre Fourcade » auprès de 12 500 personnages publics. La sanction sera lourde. Près de sept millions de francs de redressement. Et les malheurs n'en resteront pas là. Lancée par un ministre des Finances précédent nommé Valéry Giscard d'Estaing, cette vaste opération va également clouer au pilori, pour citer *Le Point* du 27 octobre de cette année, outre Charles Aznavour, un inspecteur des Finances, André Janin, et une cohorte de médecins, chirurgiens, grands avocats.

Chaud le printemps, lorsque le Moulin de Dannemois est ravagé par un gigantesque incendie qui détruit toute l'aile abritant la salle de projection et les films. Sur les ondes, Claude se veut serein : à part ça, la vie est belle. C'est qu'il en faut bien d'autres pour abattre un Cloclo rageur. Un sérieux coup de balai dans le personnel administratif, bien compréhensible, et on repart de l'avant !

Un jeune compositeur en début de carrière, Nicolas Skorski, lui jette une véritable bouée de sauvetage avec *Chanson populaire*, enregistrée malgré un certain scepticisme de l'équipe artistique. Intelligemment caricaturale, cette chanson donnera d'ailleurs à Claude l'occasion de serrer d'un peu plus près le système chorégraphique qui fera la joie de Thierry Le Luron : petits moulinets des mains avec sauts en arrière, flexion du genou gauche, jambe droite en retrait, finissant par le petit balancement latéral de la tête et des épaules ! *Ça s'en va et ça revient* remet ensuite Flèche à l'heure du tube. À part un cocard récolté à Marseille le 2 juillet, « grâce » à un fan un peu trop enthousiaste, parmi dix mille spectateurs, un score que beaucoup de chanteurs français aimeraient réaliser de nos jours. Année de rachat d'*Absolu*, 1973 restera mêlée de larmes, de joies et de frissons.

## 1974

Est-ce lié comme d'habitude à l'événement ? Toujours est-il que *Le Mal-Aimé* fait un malheur. Mais le vrai « carton », celui dont les radios seront vite saturées arrive : *Le téléphone pleure*, une simple chanson d'album, atteint la barre des deux millions d'exemplaires. Après de multiples et infructueux essais, c'est Frédérique, la petite-fille de Nicole Gruyer, secrétaire de Claude, qui va donner la réplique à l'idole. Loin de se contenter d'un pool d'entreprises déjà conséquent, Claude va alors créer une agence de mannequins, « Girl's Models ».

La France des fans, incrédule, voit apparaître un deuxième fils : Marc, élevé au Moulin dans la plus grande discrétion. D'une année seulement plus jeune que Coco, c'est encore une copie conforme ! Le mystère de son enfance à Dannemois est à marquer d'un zéro pointé sur le carnet de notes que l'on pourrait attribuer à Claude. Une fois n'est pas coutume. Difficile d'être papa chanteur !

La popularité croissante d'Alain Chamfort crée quelques nuages, et Claude continue de sillonner la France en ajoutant quelques meutes de chiens de garde à ses gorilles habituels. Ce qui permet à un jeune journaliste prometteur, du nom de Pierre Desproges, d'affirmer dans *L'Aurore* du 9 novembre : « Les chiens courent plus vite que les gorilles et ils ne font pas de notes de frais », et d'ajouter : « Autre avantage du muselage : il évitera aux pauvres bêtes d'attraper une clocloïte en mordant un fan. »

Le 15 décembre, *L'Aurore* titre : « Claude François : record d'affluence à Paris. » C'est devant près de vingt mille personnes qu'il chante à la Porte de Versailles pour un ami comédien : Lino Ventura. Si certains épisodes valent à Claude un petit coup de purgatoire, sa prestation pour Perce-Neige lui vaut bien de mériter un coin de paradis. Un quotidien ajoute au lendemain de la prestation : « Artiste soleil, le règne de Claude François qui dure déjà depuis douze ans ne semble pas près de s'éteindre. »

## 1975

Claude applique le « Principe de Peter » à la lettre. Distribué l'année précédente à tous les employés et collaborateurs, ce petit livre de Peter et R. Holl énonce un principe bien simple qui pourrait être la devise du gestionnaire idéal. « Toute personne tend à atteindre son niveau d'incompétence au fur et à mesure de son ascension dans la société. En arrivant à l'égaler, elle atteint ses limites, devenant ainsi... incompétente. Donc le principe est "de ne pas vouloir être calife à la place du calife si on n'a pas les capacités d'être le calife". Pour le calife, existe-t-il un moyen plus simple pour se débarrasser des "Iznogoud" que de leur donner un poste audessus de leurs capacités ? » Le principe de Peter fait des ravages.

1er avril : lorsque j'annonce à mes amis que je viens de prendre mes fonctions de directeur artistique auprès de l'artiste le plus imprévisible, le plus colérique du paysage français, tout le monde croit à un lamentable « poisson ».

Je sors à ce moment d'une phase pseudo-existentielle. Après mes années rock, mes années « rive gauche » au sein du groupe Les Enfants terribles, les cabarets, les folles tournées avec Thierry Le Luron, Coluche, quelques dizaines de chansons écrites pour les stars en exercice, il n'y a qu'un domaine que je n'ai pas touché dans ce métier : la production.

J'entends par production, la direction artistique qui va de la recherche des chansons par le contact avec les éditeurs, à la réalisation des disques, par le choix des studios, des ingénieurs du son, des orchestrateurs, des musiciens, ingrédients qui feront ensemble le meilleur produit possible. Séances de voix, mixages, élaboration de stratégies propres à aller vers le public, à le comprendre, à répondre ou surtout à anticiper sa demande.

Comme je l'ai dit précédemment, la rencontre avec l'équipe de Claude relève de la curiosité.

J'arrive donc en pleine guerre civile interne : Claude « vire » tout ce qui bouge. Les « printemps du boulevard Exelmans » ne chantent pas toujours.

Avant d'intégrer cette joyeuse équipe grâce à l'introduction de Susy Hallyday et d'Alice Dona qui avait entre autres composé *C'est de l'eau, c'est du vent*, mes a priori étaient ceux de la moyenne des gens. « Il » doit avoir au moins cinquante ans. Pédé. Mauvais goût, capricieux, « il » va me sauter dessus : je jette un œil le temps d'apprendre quelque chose et... je me casse.

Dès la première entrevue, il ne reste que le mot « capricieux », tous les autres qualificatifs ont disparu. Ambiance western cette année 75 où Gérard Louvain, futur grand producteur de télévision, s'en va avec Alain Chamfort alors en fin de contrat. Le divorce entre Alain et Claude est essentiellement artistique. Deux conceptions de la variété s'opposent.

À ma droite Cloclo, champion du disque toutes catégories, qui estime que notre cher Alain doit continuer sur la lignée de *La Musique du samedi* et autres *Madonna*.

À ma gauche, Alain Legovic dit « Chamfort » estime, lui, que le vent est en train de tourner et désire mettre en avant ses qualités musicales, quitte à perdre momentanément son public. Il n'aime plus l'image Flèche. De plus, il tombe amoureux (au point d'en faire une adaptation) d'une chanson de Barry Manillow, *Could It Be Magic* qui deviendra *Le temps qui court*, inspirée d'un prélude de Chopin.

Claude – qui préfère Mozart ! – se laisse aller à une jalousie mal contenue. Lui-même ne peut interpréter de telles chansons en restant fidèle à son image. Avec Nicole Damy, responsable des éditions Isabelle Musique, nous sommes perpétuellement à la recherche de tubes.

Les éditeurs qui m'avaient jeté comme auteur défilent dans mon bureau avec des marques de sympathie toutes nouvelles ! J'apprends le métier. Claude m'ignore pendant deux mois.

Magnétophone en main, il dicte une note à l'intention de Jean-Pierre – en ma présence et en me regardant droit dans... le cerveau – : « Vous direz au nouveau directeur artistique que si je reviens dans une heure et que le Revox est toujours posé par terre derrière la porte de verre au risque de la casser lorsqu'elle est ouverte brusquement, et cela, bien évidemment, au lieu d'être rangé, je fous le magnétophone Revox par la fenêtre... et lui avec. » Voilà mon premier contact. Je ne suis pas passé par la fenêtre et l'urgence des deux albums en cours lors de mon arrivée me plonge dans un maelström de voyages à Milan, Rome ou Londres, pour chercher des chansons d'enfants en vue de l'album *Sale Bonhomme*.

Je participe à mes premières séances avec Claude, terrorisé et admiratif. Autant je l'avais caricaturé sans le connaître, autant la précision avec laquelle il détaille les rythmiques, les prises de voix et la qualité du phrasé me stupéfie.

Un des premiers soirs où Claude travaille sur le phrasé d'une chanson les coudes sur le piano du studio B de Davout, je trouve tout naturel de risquer un petit conseil, comme je le faisais avec mes interprètes : « Et si tu balançais le phrasé plutôt comme ça... », je n'ai pas le temps d'aller plus loin.

Il lève les yeux vers la cabine de son où Jean-Pierre et Guy Huiban semblent changés en statues de sel, et, sans desserrer les dents il lance avec une colère difficilement contenue, en détachant bien ses mots :

« Pou-vez-vous-lui-dire-qu'il-joue-avec-la-mort ? »

Ambiance ! Cela viendra avec le temps...

En attendant j'apprends à m'organiser. Nous sommes abonnés à tous les services anglais et américains qui s'occupent des hits. Nous recevons avant tout le monde les dix premiers disques des classements américains catégorie « soul music », « country » ou « Top 50 du Billboard ». De même avec l'Angleterre. Outre les journaux spécialisés, nous avons par le service « Millers » les vingt premiers disques du hit anglais Top 100. Chaque semaine, les nouvelles entrées nous sont adressées. Ainsi, notre avance est considérable pour découvrir les nouveautés étrangères et bloquer les titres que Claude aimerait adapter en exclusivité.

En dehors de cela, nous harcelons au téléphone tous les compositeurs, les auteurs, pour obtenir des textes, des musiques. Ensuite, nous concentrons cette énorme masse de chansons dans des cahiers où, après des écoutes successives, nous leur donnons une note d'appréciation. La sélection est l'aboutissement, le test final c'est la maquette. Chez nous, pas de maquettes élaborées. La rythmique au grand complet est réunie au studio et, après une petite répétition, Claude ébauche une interprétation. Si ça tourne bien, au feeling, il bloque ce titre qui a toutes les chances de se voir attribuer sept ou huit textes différents. En effet, nous mettons en concurrence des gens tels que Pierre Delanoé, Eddy Marnay, Yves Dessca, Jean Schmidt, Franck Thomas et ceux qui me pardonneront de ne pas les citer. Vline Buggy, tenant une place privilégiée dans le cœur de Claude depuis ses débuts, ne venait que dans des cas de sauvetage ou d'idées très précises. Je prends le relais et avec l'aide de Guy Huiban et la venue épisodique de Jean-Pierre Bourtayre, dit « Boubou », pendant les absences ou les retards de Claude, nous finissons cet album.

Le 1er juillet, Claude donnera aux Tuileries un concert qui sera son dernier à Paris. La fête des Tuileries où se pressent près de vingt mille personnes est organisée par Yves Mourousi pour la recherche médicale. Les fans plongent dans le grand bassin, y compris la standardiste qui voit Claude tous les jours. Je me pose une question pertinente, dois-je faire la même chose pour garder ma place ? Suivent alors quelques jours de vacances à l'île Maurice. Pendant l'enregistrement de *Chanson française*, Jean-Pierre craque une fois de plus : Claude est insupportable. Il a mis deux arrangeurs en concurrence pour les parties de cuivres, deux autres arrangeurs pour les cordes, deux ou trois chorus de trompettistes différents pour une chanson qui n'est que le remake de *Chanson populaire*. La coupe est pleine lorsqu'il nous demande de panacher le tout au mixage.

Pendant ce temps, deux titres enregistrés précédemment passent régulièrement à la radio. Mais nous sommes loin du *Téléphone pleure*. La première chanson, dédiée à son fils Coco, *Toi et moi contre le monde entier*, reste l'une de ses plus belles. Le public plébiscite le côté mal-aimé du *Chanteur malheureux*, écrit par Martial Carceles. Mais ce n'est pas vraiment la folie en ce qui concerne les ventes. Bien qu'il faille relativiser : un « bide » pour Claude François, c'est quand même près de trois cent mille disques vendus...

Peu après, à Londres, dans le hall de l'Hilton Park Lane, Claude échappe à un attentat revendiqué par l'IRA et s'en tire avec un tympan crevé et quelques égratignures. Une femme est déchiquetée entre lui et la bombe... Miracle !

Octobre est consacré à l'adaptation anglaise du *Téléphone pleure*, le compositeur-producteur anglais Roger Greenaway le considère comme un tube anglo-saxon potentiel. Mais là encore la « malédiction de la petite fille idéale » frappe. Nous courons les collèges anglais. La tâche serait moins désagréable si les parents n'étaient pas, en général, ou méfiants ou intéressés. Entre-temps, un « N° 1 » consacré à Michel Sardou, auquel Claude est invité, est une occasion de trêve entre ces deux artistes.

En novembre, nous continuons l'enregistrement de l'album où figure une très belle chanson de Janis Yan, *At Seventeen*, qui, adaptée par Franck Thomas, devient *À dix-sept ans*. Cela ne crève pas les hits, mais la satisfaction de faire quelque chose de différent est un luxe que Claude peut encore se permettre. La chasse aux auteurs bat son plein. Il faut des textes pour le futur album pour enfants.

Déchaîné, Claude me demande d'appeler Pierre Perret, Charles Trenet, Charles Aznavour, Francis Lemarque, Henri Salvador, Raymond Queneau, Georges Brassens, Anne Sylvestre, en plus de nos auteurs habituels. Ce sont pourtant ces derniers qui trouveront les meilleures solutions. Eddy Marnay nous concoctera un joli *Sale Bonhomme* sur le *Nasty Dan* de Tom Paxton.

Le 24 décembre, Giscard accompagne Claude au piano électrique. L'Élysée accueille un Père Noël exceptionnel ! Le duo interprète *La Pêche aux moules*. Pas de disque pirate... dommage !

## 1976

En janvier, devant la carence des textes, nous repoussons les séances. Mais tout ne va pas si mal... Nous finissons par trouver la petite fille de *Tears On The Telephone*. Un ami compositeur, Alec Costentinos, nous fait écouter une production en cours de mixage. Au studio Trident, l'artiste, un batteur nommé Cerrone, y installe un tempo nouveau, le disco. Encore une invention européenne dont Claude saura se servir, malheureusement trop tard. Le 29 janvier, nous enregistrons *Sale Bonhomme* et, le lendemain, Claude « signe » sa complice de tournée, Dani, pour quatre ans aux Disques Flèche, avant d'aller donner trois galas dans le Sud pour clôturer ce mois de janvier. Nous écrirons pour elle, Claude et moi, notre seule chanson commune : *Petite Fille attention*. On a dû en vendre au moins deux !

Le début du mois de février, à part nos nuits en studio prolongées chez Castel, est consacré à la préparation d'une émission des Carpentier. Les retards successifs mettent Cloclo dans un état nerveux indescriptible. Le studio, rue Davout, connaît un cyclone de tabourets fatal à bon nombre de spots qui n'y peuvent rien. Mais j'échappe de peu aux moulinets meurtriers.

L'émission « N° 1 » de Claude François est pour le 13 mars. Nous avons le temps de refaire quelques orchestrations. Le 26, l'album est terminé, on peut commencer les émissions de promotion.

À peine remis de ces semaines terribles, le 1er avril, c'est-à-dire le lendemain d'une série d'interviews, nous nous envolons vers les Antilles pour une tournée en Haïti, à la Guadeloupe et à la Martinique. Quel mois d'avril ! Une soirée de « stand by » mouvementée, quelques noyades dans le punch et les vagues déferlantes de jeunes doudous, et le 2, nous sommes à Port-au-Prince, habitation Leclerc, un des plus beaux hôtels-résidences du monde. Une piscine pour chaque villa, une villa par personne, un service personnel... et la révolte qui gronde dans le cœur des bidonvilles jouxtant l'enceinte du parc gardé par les Tontons Macoutes.

Je retournerai à Port-au-Prince quelques années plus tard en tant que reporter-photographe pour couvrir la chute de Jean-Claude Duvalier. Cette fois-ci ces sinistres personnages failliront avoir ma peau !

Le gala du soir, en plein centre du stade, illustre toute l'énergie que l'on prête aux pays d'Amérique latine oscillant entre la dictature des hommes et le vaudou des esprits. Les privilégiés sont installés devant la scène, séparés du peuple par les grilles qui entourent les tribunes. Claude fait soudoyer les gardes pour qu'à la fin du concert la foule surexcitée envahisse le parterre. On a frôlé l'incident grave. Au début du gala, un percussionniste branché vaudou nous a interrompu la pluie, moyennant quelques dollars ! Désigné pour assurer, exceptionnellement, la sonorisation des retours de scène, je prie tous les dieux des îles de passer au travers du mécontentement éventuel de Claude, et de l'émeute que les Clodettes provoquent. Délire. Succès. Triomphe. Claude est heureux au point d'engager une Clodette made in Haïti, Sandra.

Faux pas à la Guadeloupe. À sa sortie de scène, des propos un peu vifs de Claude à l'égard d'une Clodette noire, Pat, qui a raté une entrée, et le manque de discrétion de l'explication provoquent une réaction terrible. Nous rentrons à l'hôtel sous une pluie de coups de bâtons qui s'écrasent fort heureusement sur nos malheureuses voitures ! L'hôtel est déserté, aucun service ne nous est adressé. Rien. Jusqu'au départ du lendemain sous les sifflets de la foule, qui envahit l'aéroport, et la protection musclée de la police.

Dans notre équipe, quelques photographes et journalistes prennent peur et rentrent honteusement à Paris pendant que nous arrivons en Martinique où, contre toute attente et malgré la rumeur, l'accueil est très chaleureux. Le show marche à cent mille à l'heure et une journée aux Grenadines récompense les rescapés, dont Charles Villeneuve et Geneviève Leroy.

De retour à Paris le 9, à huit heures du matin, nous partons le jour même avec Claude et les Clodettes, ainsi que son habilleuse Dominique Montjanel, directement à Lille pour RTL !

Le 11 avril, pendant l'enregistrement de *Sale Bonhomme* pour une émission de Guy Lux, la visite de Claude Carrère dans la loge de Claude préfigure un accord de distribution futur, moyennant une avance qui sauvera une fois de plus la petite colonie du 122, boulevard Exelmans. Quelques tentatives de production des Clodettes, en tant que groupe, avorteront, à ranger dans le placard des expériences malheureuses, et c'est en mai que la rupture avec Alain Chamfort est consommée. Il n'y a pas eu d'élève. Il n'y a pas eu de maître, chacun reste sur ses positions. Et tous les deux ont raison.

Pour me remettre d'aplomb, un rôle de nounou m'est dévolu. Claude, Sofia sa compagne, les deux enfants et moi partons passer quelques jours dans une isba finlandaise, au bord de la mer et à l'orée de la forêt. Le « boss » connaît ma passion pour la photo.

Mon seul travail officiel sera d'en tirer un reportage pour la presse magazine. Là-bas... surprise : Cloclo n'existe plus ! Vive Claude, l'homme qu'il devrait retrouver en lui un peu de temps en temps.

Claude conduisant une voiture de location, bagages sur le toit, l'avant-bras sur la portière, sans lunettes noires, sans gardes du corps, la fiancée endormie à ses côtés, les deux affreux jojos Claude et Marc qui n'arrêtent pas de me chatouiller, de me pincer, encouragés par leur père, c'est vraiment du jamais vu !

L'artiste ne sait plus ou donner des yeux devant les beautés scandinaves. Mais bien sûr, il est en famille, et ne peut s'empêcher de me faire des petites crises de jalousie devant le succès que j'obtiens.

Eh oui Claude, ici les blonds passent inaperçus. Mais les bruns comme moi, mélange Sicilien-Black américain, ça ne court pas les fjords !

Avant de jouer les « Robinsons », nous avons assisté à la finale du dix mille mètres des jeux d'Helsinki avec les enfants. Claude nage dans le bonheur.

Un peu plus tard, alors que nous sommes installés dans l'isba familiale au bord de l'eau, à proximité de la frontière russe, j'ai oublié le chanteur. Je ne vois qu'un père de famille qui laisse le temps le porter, joue avec ses fils, court pour maintenir sa forme, ou se laisse dériver sur un petit voilier, avant de faire une partie de pêche miraculeuse et de nous cuire lui-même ses prises sur un feu de pierres.

Mais les meilleures choses ont une fin, surtout lorsque la clocloïte aiguë laisse apparaître ses premiers symptômes.

Le sujet devient taciturne, demande l'heure française en permanence, et sort la phrase qui en un instant fait basculer l'équilibre que l'entourage a eu tant de mal à trouver.

« J'ai une idée géniale », dit-il en me regardant avec une lueur diabolique dans les yeux.

Cela signifie que d'une part cette idée est à mettre à exécution immédiatement, qu'elle ne doit rencontrer aucune opposition, et que d'autre part l'échec de l'entreprise ne pourrait relever que de l'incapacité de celui auquel il en attribue la responsabilité. Je crains donc le pire !

« Tu vas faire une pellicule ou deux dans le sauna de moi avec les enfants. »

Une demi-heure après j'erre au hasard, guidé par la voix de Claude au milieu d'un épais brouillard, trempé, je suis tout habillé, surchargé d'appareils et de batteries.

« Alors merde ! Ton flash est pas encore parti, qu'est-ce que tu fous... ?

– Claude c'est impossible... la buée ruisselle sur les objectifs, de plus on ne voit rien...

– Putain ! Avec des amis comme toi je n'ai pas besoin d'ennemis ! »

Je deviens fou, il fait au moins cinquante degrés là-dedans.

Cette fois-ci il hurle : « Imbécile, tu n'as qu'à rester à l'extérieur, le temps que le matériel sèche, et je te donne le signal pour que tu ouvres brusquement la porte et qu'en cinq secondes tu fasses le maximum de photos en rafales, et attention, au bout de ces cinq secondes, pas une de plus, tu refermes, car je ne veux pas attraper la crève. Exécution ! »

Au bout de la quinzième tentative, force est de reconnaître que la porte à peine ouverte, la condensation libérée par le sauna me trempe instantanément, et que ce que j'aperçois entre les volutes de vapeur d'eau ne ferait certainement pas un bon sujet.

Claude a les yeux exorbités par la colère, la bouche figée en un rictus qui se voudrait un sourire, les enfants ont plutôt l'air terrorisés, et les appareils ne fonctionnent toujours pas...

Je renonce, il renonce.

Vingt minutes plus tard, sur les bancs extérieurs de l'isba, les yeux dans le vague, il adresse à ses enfants avec le ton de celui qui aurait tout perdu, un message qui n'est destiné qu'à moi-même.

« C'est terrible mais je crois que tout ce qui arrive est entièrement de ma faute. Ne suivez pas mon exemple. J'ai un talent fou pour m'entourer d'imbéciles avec lesquels je ne pourrai jamais réussir tout à fait. Je suis nul. »

Il dirige alors les yeux vers le buisson dans lequel je suis planqué avec un appareil qui consent enfin à faire son travail.

« Oh ! ils ne sont pas méchants, mais à mon avis l'inefficacité est chez eux le seul sport de compétition dans lequel ils excellent.

« C'est un travail d'être con..., etc. »

Le lendemain l'appel du bureau, des studios, du monde selon Cloclo l'emportait sur celui de la nature.

Claude collectionnant les icônes russes, je joue les passeurs, l'anorak et le pantalon bourrés de saintes vierges qui n'en avaient certainement pas demandé autant. Ce n'est qu'au moment de la descente sur Orly qu'il poussera un grand soupir de soulagement en m'adressant un large sourire : « Enfin au boulot... t'en avais pas marre de glander ? »

En fait je n'ai vraiment récupéré de cette aventure que lorsqu'il m'a appelé dans son bureau deux jours plus tard. Devant lui une dizaine de planches contact étaient disposées. Le nez sur le papier glacé, l'œil au cœur du compte-fils, il examinait chaque cliché que j'avais commis... J'attendais le verdict, aussi désespéré que si j'avais oublié les pellicules en Finlande.

Miracle ! au moment où j'hésitais entre sauter par la fenêtre ou me noyer dans les toilettes, il se dresse comme un véritable coq – surnom que lui ont donné les musiciens – et me dit : « Ce n'est pas possible, tu l'as fait exprès ! En réussir quelques-unes, largement exploitables... Tu dois être malade, es-tu sûr que ça va bien ? Ne me fais pas cela trop souvent, je risquerais d'avoir une attaque ! »

Le 1er juillet, Claude entame une semaine de tournage pour une seconde émission de sa conception. Michel Drucker occupé, c'est Jean-Pierre Spiero qui prend la direction de l'image. Ce n'est plus « Avec le cœur » mais « La bande à Cloclo ». On y retrouve les mêmes principes, chansons, gags, dans une ambiance jeune et colorée. Mais diffusée le 11 juillet sur Antenne 2, l'émission ne connaîtra pas le même écho qu'« Avec le cœur ».

Les nuits sont consacrées aux enregistrements, et finissent de temps en temps à La Calavados, un restaurant de nuit où officie un pianiste de jazz américain auquel Claude porte une admiration qui est réciproque : Joé Turner. Un titre d'André Popp à peine enregistré, *La solitude c'est après*, nous repartons à Londres pour trois jours faire deux titres avec Roger Greenaway. La tournée d'été suit sans transition. La Côte d'Azur accueille une troupe survoltée. Claude trouve que mes vacances ne doivent pas dépasser deux jours et de l'hôtel Martinez, à Cannes, nous partons quotidiennement pour Grasse, Toulon, Fréjus éclairer le ciel de paillettes et de ballons multicolores.

Septembre se passe à l'ombre des studios parisiens où Claude fait venir une rythmique anglaise. Octobre se partage entre Londres et Paris, les jours pour les enregistrements, les nuits pour les mixages des titres enregistrés la semaine précédente. La démence de ce rythme et le manque de sommeil m'envoient en clinique pour quelques jours. Mon cœur se réchauffe lorsqu'une infirmière m'apporte un télégramme signé Claude : « Alors, Stop. Finies les vacances ? Stop. Fainéant. Stop. Claude. » J'ignore à ce moment qu'une caisse de bordeaux millésimé m'attend chez moi.

Une petite figuration, illustrant son propre rôle, dans un film de Guy Lux qui ne fera pas date. Mais c'est sa façon de remercier ceux qui l'aident depuis le début de sa carrière. Guy Lux, Michel Drucker, André Torrent, Marie-France Brière seront toujours chers à son cœur... Après avoir été n° 1 avec *Sale Bonhomme*, il récidive avec une chanson de Cyril Assous, *Le Vagabond*.

C'est à la veille du départ d'une tournée africaine qui commence par le Cameroun, qu'il rencontre Alain Dominique Perrin, le bouillonnant P.-D.G. de Cartier, par l'intermédiaire de son pilote, Jean-Pierre Toukas. Claude et Alain se partagent le même avion selon leurs besoins et, par conséquent, le même pilote. Celui-ci explique à Claude, en plein marasme financier, qu'une entrevue avec un vrai leader d'entreprise ne peut que l'aider. Chez Régine où nous dînons, Claude et Alain établissent le contact. Même goût de la réussite, même langage de « battants ». L'artiste est subjugué par l'homme d'affaires, surpris de constater son manque de conformisme, son éclectisme, son amour de l'art. Malheureusement, Claude ne verra jamais la réalisation du rêve d'« Alain » pour les intimes : la naissance de la Fondation Cartier pour l'art contemporain.

En s'envolant, le lendemain, vers l'Afrique noire avec une équipe de soixante-dix personnes et quelques camions qui suivront dans l'avion cargo, il peut enfin sourire. L'année 77 s'annonce bien.

## 1977

Perrin envoie ses émissaires, experts-comptables, collaborateurs fidèles de Cartier, faire l'« audit », le check-up de Créations artistiques. Claude sent que le verdict va être sévère. Après un week-end de détente chez Bourtayre, il se retrouve le mardi soir dans la salle de conférences de Cartier, au quatrième étage de la place Vendôme. Une dizaine de personnes sont présentes. Un financier récapitule, sur le « paper board », l'actif et le passif des affaires de Claude, avant de tirer un trait et d'inscrire un chiffre : Claude doit dix millions de francs...

« Rien qu'un milliard ? » questionne-t-il sur le ton de la plaisanterie. Obligé de fermer les robinets, Perrin va diriger fermement la gestion, insensible aux ruades de Claude. La caisse ne s'ouvre plus aussi facilement pour les restaurants de nuit, après le studio, les dépenses de voyages ou les caprices. Difficile d'être brimé par ses propres employés, ou d'obéir à ses propres notes de service ! Mais c'est à ce prix seul qu'il pourra essayer de s'en sortir.

Entre Perrin, l'homme d'affaires, mécène, collectionneur d'œuvres d'art, et l'artiste qui rêvait des affaires, une complicité s'établit peu à peu, au point de se transformer en une amitié fidèle qu'Alain conservera pour Claude au-delà de sa disparition. Mémorables week-ends au Moulin, vacances en bateau autour de la Corse, rendez-vous en pleines tournées internationales, « briefings » autour d'un bordeaux millésimé.

Claude a trouvé le manager d'entreprise idéal. Mais vient-il encore à temps ? On peut être tenté de le croire. Toujours est-il que le boulevard Exelmans tremble à la pensée de subir de nouveaux délestages pourtant nécessaires. Chacun est interrogé, passé au grill, et doit justifier son salaire. Les failles disparaissent peu à peu, mais tout cela n'est qu'illusoire. Alain Perrin sait que la solution ne réside pas uniquement dans la compression de ces structures trop lourdes à supporter pour un homme non averti. L'éclectisme de Claude est un moteur... et un danger. Par exemple, son affaire de parfums, Eau Noire, lui coûte dix francs par bouteille vendue... Perrin soulève les couleuvres, s'en débarrasse et l'on gagne quelques semaines, voire quelques mois de plus.

Jean-Pierre Bourtayre a pris la direction de Pathé Marconi et je suis moi-même en période de disgrâce. On essaye quelques « grands » directeurs artistiques qui disparaissent au bout de quelques semaines. Claude est bien obligé de me redonner sa confiance. C'est un métier de travailler chez Flèche.

Entre un « N° 1 Enrico Macias » et un gala au Forest National de Bruxelles, les esprits échauffés se calment et nous faisons une trêve. Le 13 janvier, nous décollons pour Leeds afin d'y tourner « Stars on Sunday », l'émission du dimanche matin qui swingue à peu près autant que le « Jour du Seigneur ». Le petit avion est surchargé de bagages. Nous sommes quatre : Sylvie l'habilleuse, le secrétaire, Claude et moi. Tempête de neige. Éclairs. À court de terreur, nous arrivons au-dessus du petit aérodrome anglais. Fermé ! « Dirigez-vous sur Manchester. » Les pilotes transpirent... À Manchester, impossible d'atterrir, visibilité nulle ! Retour sur Londres, à court de carburant.

Allions-nous annuler ce tournage ? Pas question ! Claude décide de prendre le train. Nous voilà donc avec notre cargaison de valises Vuitton investissant un compartiment, épuisés mais sûrs d'arriver dans les temps au tournage. Bercé par le mouvement bienfaiteur du train, au moment où je vais m'endormir, Claude me secoue : « Et si on travaillait un peu ? Il reste beaucoup de cassettes à écouter ! »

Février est consacré à l'enregistrement d'un album en anglais au studio Abbey Road où nous croisons Hank Marvin des Shadows, Paul McCartney et Alexis Weissenberg. Claude peut désormais se vouer entièrement à l'artistique, la gestion remise entre les mains d'Alain. En mars, c'est l'enregistrement de *Rio*. Crises et divorces en tous genres agitent l'équipe. À peine revenu parmi nous, Jean-Pierre craque à nouveau... et moi de même. Claude se retrouve tout seul devant le micro pendant une semaine. Nous faisons une fois de plus la paix avant de repartir en Angleterre pour des séances de rythmiques. Le patron du Traders'Vick nous a concocté une surprise : un orchestre cubain joue spécialement pour Claude. Les tumbas sont à portée de main, c'est le « bœuf » assuré.

Avril. Enregistrement de *Toi et le soleil*, probablement le premier reggae de Johnny Nash adapté en français. Le duo avec Kathaleen, *C'est comme ça que l'on s'est aimés*, marque l'importance de leur love story. Nous sommes prêts à nous envoler pour Glasgow où d'autres émissions attendent. Sur place, c'est la tournée des antiquaires.

Juin. « Music-hall à Provins », un show de Guy Lux, et l'anniversaire de *Podium* au Moulin, au lendemain d'une agression sur l'autoroute. Neuf balles tirées par des gangsters en cavale, qui n'épargneront les passagers de la Mercedes que par miracle.

Claude : « Je roule tranquillement quand ces types me font une queue de poisson. Je ne pouvais pas accélérer à cause des plantes que j'avais dans le coffre... elles sont fragiles. Je leur envoie les phares, ils me suivent sur la route de Milly-la-Forêt. C'est là qu'ils ont commencé à tirer. »

Joëlle Collard, programmatrice à Europe, Kathaleen, Sylvie peuvent sourire devant l'incrédulité des gendarmes. Ce n'était pas leur heure, ni celle du boss. Il faut dire qu'il a un sacré coup de volant ! Neuf impacts dans la carrosserie, avec une balle qui échoue dans l'autoradio... Là encore il y aura les inévitables rumeurs : coup de pub, attentat bidon. Il faut reconnaître que l'affaire coïncidant avec la sortie du nouveau single ne peut que venir à point. Les gangsters en question retrouveront leur prison après une arrestation mouvementée qui faillit coûter la vie à un inspecteur. Au sujet de la fusillade de l'autoroute, ils affirmeront avoir été les premiers surpris de découvrir dans la presse sur qui ils avaient ouvert le feu.

Juillet. Deauville et l'hôtel Royal nous accueillent pour une émission anglaise dont Distel est le « Monsieur French Play-Boy Loyal », chansons en anglais de rigueur. Claude chante *So Near and Get So Far*. Une nuée de danseuses de la BBC sèment un trouble bien agréable dans notre équipe.

Le soir au cours du dîner, Claude est en ébullition car Kathaleen semble séduite par « Monsieur Cannibale ».

Celui-ci nous entraîne presque de force au Brummell, le club « up to date de l'époque »... juste pour boire un dernier verre en toute discrétion, nous assure le charmant crooner. À peine installés, la musique s'interrompt et on hurle au micro : « Mesdames, messieurs nous avons l'immense honneur d'accueillir ce soir Sacha Distel et son ami Claude Françoooooiiiiiis ! »

Chez Claude il en faut moins que ça pour « péter les plombs ». Le mot n'est pas faible. Bousculant la foule qui se presse dans les escaliers, avec une rage, une fureur de dément, il nous plante tous là et rentre à l'hôtel à pied.

Le fait que nous ne l'ayons pas suivi envenime encore les choses.

C'est ainsi que vers trois heures du matin, je croise son habilleuse en larmes qui tente d'arrêter les rares voitures qui passent devant l'hôtel Royal.

« Qu'est-ce que tu fais là ?

– Claude est en pleine crise de nerfs et il exige du chocolat. Il faut que je trouve une boulangerie, je vais aller à Honfleur... »

C'est en stop qu'elle passera la fin de la nuit pour satisfaire ce caprice inédit.

La période disco est à son apogée. Pendant que l'on danse sur *Upside Down*, Jean-Pierre et Claude pensent au virage obligatoire que la star doit négocier pour rester dans le coup, voire précéder la mode. L'interprète de *Going Back To My Roots*, le célèbre compositeur Lamont Dozier, dont Claude a adapté nombre de titres, est invité à passer un week-end au Moulin.

Après *Magnolias For Ever*, né de Claude et de Jean-Pierre, qui déjà envahit cette rentrée 77, je vois apparaître sous les doigts du monument de chez Tamla Motown, les premières esquisses d'*Alexandrie, Alexandra*. Ne passons pas sous silence l'extrême difficulté à persuader Étienne Roda-Gil de rencontrer Claude, ni l'énergie dépensée à convaincre ce dernier que l'auteur préféré du Julien Clerc de l'époque était capable d'oublier de « dire aux moissonneuses que la graisse des mitrailleuses n'est pas la brillantine des dieux »...

Un nouveau « N° 1 Claude François » des Carpentier fin novembre. Je garde du Noël 77 un souvenir d'atmosphère privilégiée, familiale, avec la famille de Claude, enfants, neveux et nièces, en compagnie de Charles Villeneuve, Geneviève Leroy et André Arnaud, qui officiait depuis près de trente ans au journal d'Europe 1. Le

Moulin, déserté, vivra encore deux journées au rythme du formidable cassoulet préparé par Claude « himself » pour le bonheur d'Alain Dominique Perrin, de Jean-Pierre et de nos femmes auprès desquelles nous avions, on peut le dire maintenant, beaucoup à nous faire pardonner.

## 1978

*Magnolias* est un succès reconnu et Claude remporte une première bataille d'Angleterre : le 16 janvier, l'Albert Hall lui fait un triomphe. Londres est à ses pieds, une bonne moitié de la salle est anglaise.

Le 9 février, nous mixons *Alexandrie, Alexandra* chez Bernard Estardy.

Le 3 mars, nous effectuons un voyage éclair à Londres afin d'enregistrer la bande-son de l'émission de la BBC qui sera tournée à Leysin, en Suisse, la veille de sa disparition.

Le 11 mars, Claude meurt brutalement, alors que les Clodettes l'attendent sur le plateau de Drucker. Le 12, *Alexandrie* envahit alors toutes les radios.

Les obsèques, largement retransmises par les médias, auront lieu le 15 mars.

Flash-back. Le jour des funérailles d'Elvis Presley, nous nous trouvons à Londres pour un show télé. Dans sa suite de l'Hilton Park Lane, Claude suit le cortège des limousines croulant sous les fleurs. Nous sommes le 19 août 1977. Claude se retourne vers moi, sourire épaté : « Putain d'enterrement de star, non ? »

*Deuxième partie*

# J'AURAIS VOULU ÊTRE BUSINESSMAN

La légende qui veut que Claude ait été un homme d'affaires compétent est bien ancrée dans les esprits.

Mais il faut se rendre à l'évidence : il était plus à sa place sur une scène que dans le fauteuil d'un P.-D.G.

De fait, Claude avait de bonnes idées, mais il était parfaitement incapable de déléguer entièrement les pouvoirs.

Quand le nombre de cendriers restant dans les bureaux a soudain bien plus d'importance que le patron de la BBC qui patiente au téléphone en attendant que Cloclo daigne le prendre… on comprend mieux l'étendue des dégâts.

## 1

## *Podium*

Claude François était l'un des artistes français qui gagnaient le plus d'argent. Réinvestissait-il tout dans les affaires ? Était-il compétent ? Jean-Pierre Bourtayre répond.

Jean-Pierre Bourtayre : « Oui. Parce qu'il était un très très bon directeur artistique au sens large du terme. Par exemple, pour *Podium*. Il a été le premier, en France, à faire des couvertures composées. *Salut les copains* qui était le journal des jeunes, indétrônable, ne présentait toujours qu'un seul chanteur en couverture. »

*Podium* avait été créé à Toulouse par un journaliste local, Bernardini, et un monteur vidéo de la télévision qui travaillait notamment sur les émissions de Michel Drucker, un certain Michel Lafon.

Michel Lafon, éditeur : « Bernardini avait lancé un journal qui s'appelait *Contact variétés.* Il trouvait la pub, et les annonceurs finançaient la publication. Devenu technicien à la télévision, à Paris, et croisant de ce fait beaucoup de vedettes sur les plateaux, j'ai suggéré à Bernardini qu'avec un peu d'ambition, nous pourrions en faire un journal national. Et c'est ainsi que *Podium* est né.

« Au bout d'un an, nous réalisions un score honorable, de l'ordre de cinquante mille à soixante mille exemplaires par numéro. Sans être le Pérou, ce n'était pas non plus la Berezina ! Mais l'argent manquait : plus d'imprimeur et plus de papier. Comme j'étais à Cognacq-Jay, mes copains journalistes de l'époque, Michel Drucker, Jacques Martin, m'incitaient parfois à descendre sur le plateau quand arrivait une star susceptible de m'aider. Si monsieur Barclay, par exemple, passait par là, je lui présentais aussitôt ma collection de *Podium* ; et un jour ce fut au tour de Claude François. Il me dit : “C'est très intéressant, j'ai toujours eu envie de faire un journal, mais dans sa formule actuelle le vôtre est nul. Tout est à faire !” Un peu plus tard, nous retrouvant à Toulouse, nous scellions notre accord en présence de Bernardini. L'intention de Claude était de lancer une formule directement inspirée des journaux américains, dont il s'était procuré des dizaines de titres différents depuis notre conversation. On peut remarquer que ce *Podium* “toulousain” était néanmoins parsemé de signatures dont, aujourd'hui, certains patrons de presse n'oseraient rêver de regrouper dans une salle de rédaction. Patrice Blanc-Francart faisait des papiers sur la pop music, Michel Drucker s'occupait des sports, Dick Rivers du rock'n'roll... »

Coup de poker, générosité, inexpérience de l'homme d'affaires débutant ? Sans doute un peu de tout cela à la fois : Claude s'associe à parts égales avec Lafon et Bernardini, estimant qu'ils en savaient plus que lui sur la presse, alors qu'il suffisait de reprendre le journal avec un franc symbolique et d'engager les deux amis.

« Fabuleuse honnêteté, ajoute Michel Lafon. Avait-il été ému par les deux tocards que nous étions ? Toujours est-il qu'il nous accordait la plus grande largesse de moyens, allant même jusqu'à offrir une Mercedes à mon associé ! Il nous transmettait régulièrement tous les journaux américains après avoir entouré en rouge ce qui pouvait être repris dans *Podium.* Outre ces fameuses couvertures composées, il a inventé aussi un ton, un langage spécifique. Refusant de poser pour la concurrence – une décision presque suicidaire, pour donner tous les atouts à *Podium* –, il réservait l'exclusivité de ses propres photos à son journal. Et en quelques mois, les ventes sont passées de deux cent mille à presque six cent mille exemplaires ! »

Testant d'un mois sur l'autre l'incidence qu'une photo d'artiste nouveau en couverture pouvait avoir sur les ventes, il savait disséquer les raisons du succès, comme celles de l'échec par des sondages précis sur la cote des différents chanteurs... tout en occultant à l'occasion les oscillations éventuelles de la sienne propre.

Au bout de deux ans et demi, Bernardini et Claude ne s'entendent plus sur la ligne à suivre. Michel Lafon, partagé, trouve l'opportunité de créer un autre journal de jeunes – *Stéphanie* – qui de trente mille passera à trois cent mille exemplaires. Après trois mois de bouderie, Claude dérogera à sa propre exclusivité, acceptant de poser pour le journal de son ancien collaborateur. Paul Wagner et Geneviève Leroy prendront alors la relève de Bernardini et Lafon à *Podium*.

Paul Wagner : « Je connaissais Claude depuis sept ans lorsqu'il m'a proposé de quitter le magazine *Votre Beauté* pour l'aider à créer *Podium*, qu'il venait d'acheter. Il était extrêmement documenté, abonné depuis toujours à tous les magazines américains du genre, au courant de tout ce qui se faisait aux États-Unis. Il m'a assuré qu'il avait des idées fabuleuses et qu'en l'espace d'un an, nous serions les premiers sur le marché.

« Nous avons démarré en plaçant en couverture une galerie de portraits, photos ou dessins, de chanteurs différents. Avec des couleurs vives, des "éclatés", des slogans. Et cela a tout de suite très bien fonctionné. Malheureusement, comme cela marchait bien, Claude rajoutait huit pages le mois d'après sur le sujet qui semblait avoir le plus intéressé les lecteurs, et ainsi le budget ne parvenait jamais à l'équilibre ! Ce qui coûtait très cher aussi, c'était l'insertion d'autocollants et d'encarts. Il a mis des autocollants à toutes les pages, à un moment, parce que ça plaisait aux fans et aux lecteurs ! Comme la publicité était quasiment inexistante, *Podium* était un journal qui marchait très bien tout en perdant beaucoup d'argent.

« Il tenait à un magazine sans publicité, seulement basé sur les ventes, et c'est dans l'incrédulité narquoise de toute la profession que son journal est devenu le leader de la presse jeune l'année suivante. La seule erreur de Claude a été de voir trop grand, au lieu de se limiter à un contexte professionnel qu'il connaissait parfaitement bien. Après quelques années, *Podium* était devenu un modèle pour les autres magazines. Toutes les onomatopées qu'on retrouvait en couverture (les fameux « Whoaw, je lis *Podium* »), les petites trouvailles dans toutes les pages, les excès de couleurs, les histoires d'amour inventées, style coup de foudre entre la star et la petite fan qui se promenait par là, c'est Claude qui décidait tout cela. Il a complètement créé l'esprit du journal. Moi, je me contentais d'ajouter la petite touche esthétique à l'ensemble. »

Geneviève Leroy : « Les concurrents directs de *Podium* étaient *Salut les copains* et *Hit*. Mais en adaptant à *Podium* le système américain, Claude innovait au niveau de la presse française de jeunes. Il y avait énormément d'infos : le principe était de faire un magazine qu'on ne puisse lire en une seule fois. Il fallait qu'on y revienne, que l'on découvre sans arrêt. Sur chaque page il y avait une multitude de photos détourées, repiquées, enchevêtrées les unes dans les autres, des montages ; les slogans et onomatopées ont été complètement réinventés à partir des journaux américains, donnant naissance à un véritable langage *Podium* ; avec le principe du rébus aussi, par exemple : "Il est époustouflant" devenait : "Il hait thé pousse touffe lent." Simpliste en apparence, mais véritablement efficace pour attirer les plus jeunes.

« Sur le plan journalistique, travailler avec Claude était très agréable. En effet, si on lui disait que le papier était cher pour sa qualité, il passait immédiatement au "grammage" au-dessus, à la qualité supérieure. Dès que l'on dépassait cinq cent mille exemplaires, il rajoutait dix pages, du doré, une couverture deux fois plus épaisse, des gadgets. À cinq cent mille exemplaires, le moindre gadget à trente centimes coûte une fortune, mais il ne voulait rien savoir... Rien n'était trop beau pour *Podium*.

« Si Claude en était la locomotive, il en constituait aussi le frein. Par exemple, lorsqu'il s'agissait de décider quel artiste ferait l'objet du poster détachable, Claude consultait le hit-parade, à partir des premiers, et cela donnait à peu près cela : "Bon, Johnny... il est cuit, ça n'existe plus. Sardou ? Il ne tiendra pas la distance... Julien n'est pas très sympathique... Celui-là, n'en parlons même pas !" Bref, on en arrivait à la conclusion logique et inéluctable que Cloclo était le seul qui puisse intéresser les "Favinettes". Une fois il s'est même retrouvé à quarante reprises dans le journal ! On commençait un concours : la première question le concernait. On créait une rubrique : il se choisissait "au hasard"... »

## 2

## *Absolu*

De toutes les erreurs de marketing que Claude a pu commettre, la création d'*Absolu*, magazine érotique, est peut-être la plus significative. Le paradoxe Cloclo n'a rien à envier à une perspective de Eisher, ou à un théorème de Falletta. La réussite de *Podium* piétinant allégrement les plates-bandes de la presse Filipacchi, Claude décide alors de se lancer à l'assaut de la forteresse de l'homme moderne, le magazine *Lui*. Ce faisant, il court à la catastrophe, financière d'une part, médiatique d'autre part. « Prince charmant » des petites ouvrières de province, qui lui vouent un culte fidèle, Claude François patron de journal érotique, c'est l'image même de la trahison. De plus, cette publication – qu'il entreprend avec la désapprobation amicale de ses collaborateurs – entretient des rumeurs chargées de soufre : les légendes concernant son homosexualité sont bien entretenues et on lui prête volontiers de plus rocambolesques aventures. Ces histoires le faisaient d'ailleurs rigoler, à force de l'irriter.

Jean-Pierre Bourtayre : « Voulant concurrencer *Lui* et *Playboy*, Claude a l'idée de faire un journal à grande diffusion avec des photos de nus intégraux. Presque immédiatement il se retrouve face à une interdiction d'affichage, et il connaît des problèmes pour obtenir ce numéro de commission paritaire indispensable à la survie d'un organe de presse. L'affaire lui coûte tout de suite très cher. En outre, désireux de prendre lui-même les photos des jeunes modèles, cette aventure avait une connotation un peu malsaine. Là se trouve, peut-être, son fameux point faible. Il n'a jamais su résister à l'attrait des femmes. Il en obtenait ce qu'il voulait et la création d'un journal où elles trouveraient leur "vocation" d'objet correspond bien à son caractère... »

Ce faux pas entraînera d'ailleurs le départ de Paul Wagner.

Paul Wagner : « Nous nous sommes fâchés à cause d'*Absolu*, car je considérais que ce n'était pas son domaine, qu'il se trompait. Il avait créé ce journal de toutes pièces simplement parce qu'il adorait les filles, c'était son talon d'Achille. Il prenait les photos lui-même pour se faire plaisir, mais comme c'était un domaine qu'il ne maîtrisait pas, il n'avait pas un comportement professionnel et il fallait souvent tout refaire.

« Au départ, le magazine devait parler de la sexualité masculine comme féminine et aborder des sujets alors légèrement tabous. Il voyait ça d'une façon très honnête : "Nous traiterons de tout sans hypocrisie, en invitant les médecins, les scientifiques à parler de l'amour." L'idée était intéressante, mais il aurait fallu qu'il s'entoure de vrais professionnels. J'ai démissionné au deuxième numéro, sans que notre amitié soit entachée pour autant. Nous en parlions lors de week-ends au Moulin où je jouais en quelque sorte un rôle de consultant pendant la seule année qu'a survécu ce journal. »

Geneviève Leroy : « Lorsque Claude m'a proposé de rejoindre *Podium*, j'étais à Europe 1. Je travaillais pour le talk-show de François Chalais le samedi après-midi, où nous recevions quantité de vedettes de toutes les disciplines. Parallèlement, j'ai été l'une des premières femmes à faire des papiers pour le journal d'informations d'André Arnaud, plutôt spécialisée dans les variétés. *Podium* existait alors depuis six mois, j'étais enceinte, mais Claude m'a quand même engagée... tout en espérant que je prendrais un minimum de congés maternité !

« Claude préparait *Absolu* à ce moment-là. Voyant que tout fonctionnait bien entre nous, il me fait lire un ou deux articles à paraître dans le premier numéro. Suffoquée par leur teneur, je fonce le voir et je lui demande si c'est une plaisanterie, si vraiment il les a lus... "Pas encore", me répond-il. Je lui montre alors des expressions telles que "la massification concomitante", des phrases sans aucun sens, des accumulations de mots gratuits. Énorme fou rire, et, sans transition, colère épouvantable. Il convoque aussitôt le pauvre rédacteur en chef, pour le virer dans la demi-heure qui suit. "Maintenant, me dit-il, tu es obligée de faire le journal !" Ma fille est née le 12 juin, *Absolu* le 10 juin. »

Dès le second numéro, c'est l'interdiction de la commission de censure. Geneviève, qui compte Michel Poniatowski, alors ministre de l'Intérieur, parmi ses amis, intervient auprès de son chef de cabinet, André Mousset. En tant que gérante de la publication, elle plaide la cause d'*Absolu*, arguant du fait que son concurrent direct, le journal *Lui*, ne connaît aucun problème. Réponse du haut fonctionnaire : « Nous considérons qu'*Absolu* incite les mineurs à la débauche, le public de Claude François étant essentiellement un public de jeunes. Ma propre nièce a acheté le journal en pensant trouver Cloclo à l'intérieur, imaginez sa surprise ! »

Si Claude est présent tout au long de la publication, c'est sous le pseudonyme de François Dumoulin et dans la fonction de photographe : un rôle bien en rapport avec son amour des jolies filles. « Je ne veux pas que les filles regardent l'objectif, disait-il, parce que ça fait posé. Je veux que tout le monde ait l'impression, en voyant ces clichés, d'avoir surpris l'intimité d'un sommeil ou d'un bain de soleil où le sujet s'abandonne sans imaginer qu'il est observé. » Il préférait une photo de moins bonne qualité, capable de provoquer une émotion, à la froideur d'une séance trop préparée. Pour Geneviève Leroy, cette démarche apportait un « plus » dans cette presse de charme. Autre innovation, « piratée » dans les journaux érotiques américains : la rubrique de photos d'amateurs. Idée qui a fait son chemin, depuis, dans la presse de charme...

Mais trop de problèmes ternissent l'enthousiasme du début. La commission paritaire refuse l'homologation du titre, qui ne pourra profiter des avantages réservés aux publications de presse.

Une consolation, pourtant, même ponctuelle : pour le numéro de décembre 74, Geneviève Leroy achète au fiancé de Bardot, Laurent Verges, un jeu de photos intimes des quarante ans de Brigitte, refusées au préalable par Filipacchi sous prétexte d'une qualité médiocre. Leur publication fait passer *Absolu* devant *Lui*, le temps d'un numéro. Daniel Filipacchi, en personne, fou de rage, appelle Geneviève : « Vous ne pourriez pas avoir des idées plus originales ? D'abord *Podium* pour copier *Salut les copains*, ensuite *Absolu* pour plagier *Lui*... », et Geneviève de lui répondre en toute bonne foi : « Il y a de la place pour tout le monde... – Erreur, répond Filipacchi, il y a un gâteau... et plus on fait de parts, plus elles sont petites ! »

Claude vendra *Absolu* en 75, éreinté par tant de batailles, alors que la publication est en soi parfaitement rentable.

3

## *Girl's Models*

Un jour, Claude demandera à Alain Perrin, sur le ton de la confidence : « S'il te plaît, Alain, débarrasse-moi de toutes mes affaires. Je veux seulement conserver ma fonction de chanteur... et mon agence ! Chanter, c'est ce que je sais le mieux faire, et l'agence, c'est parce que j'adore les gonzesses ! » Lorsque Claude disparaît, l'agence a quatre ans d'existence. Les débuts, sans être réellement difficiles, sont entourés d'un certain scepticisme. « Une agence de mannequins chez Claude François ? Alors vous prendrez les Clodettes... »

Le 15 mars 1974, il engage Martine Diacenco : « C'est le photographe Just Jaeckin qui a trouvé le nom de l'agence, Girl's Models. Au début, Claude et moi nous avons commis des erreurs... que l'on découvrait ensemble, au fur et à mesure. Lui voyait seulement le côté "jolies filles", tandis que je m'occupais des problèmes quotidiens, de la partie commerciale. Nous n'avions aucune idée de la responsabilité d'une telle agence. Les mannequins sont des bébés de dix-huit ans qui, la plupart du temps, arrivent de l'étranger. C'est parfois la première fois qu'elles sortent de chez elles. Il faut assumer une responsabilité à la fois morale et matérielle. Un rôle de père, de fiancé, de manager, de confident, en plus d'être l'employeur, sans oublier la question de l'hébergement qu'il faut aussi assurer. »

Les deux premières années sont consacrées à l'investissement, on n'arrive même pas à payer les frais fixes. Il est vrai que le fonctionnement d'un pool de mannequins n'a rien à voir avec une entreprise traditionnelle. Et les financiers qui gèrent les affaires de Claude auront toujours du mal à en comprendre le fonctionnement.

Cloclo, directeur d'agence, fascine ces filles de rêve qui font la une de tous les magazines. Des top models qui ont tout vu, tout fréquenté, pour qui la « jet set » internationale est presque une famille, craquent devant la pile électrique blonde qui sait les faire rire. En dehors du contexte du travail, Claude est en effet un farceur invétéré, capable de dégeler les plus nordiques d'entre toutes. Brillant, parfaitement bilingue, il sait garder en anglais la pointe d'accent français indispensable à toute séduction. Sa condition physique impressionnante, le soin maniaque qu'il apporte à sa propre personne, les hordes de fans, sa position de star médiatique et surtout son côté généreux, sympathique, font de ces filles, pourtant adulées, des groupies à part entière. Et c'est avec l'une d'elles qu'il partagera les deux dernières années de sa vie. À Sofia la Finlandaise, succédera enfin Kathaleen l'Américaine.

C'est dans une agence milanaise qu'une photo retient l'attention de Martine. Une des jeunes filles ressemble étonnamment à la petite amie de Mike Brant, disparu depuis peu, à laquelle Claude vouait un amour impossible. Martine signe le contrat et Kathaleen arrive à Paris deux jours plus tard. Le transfert amoureux opère immédiatement et, au restaurant La Lorraine où Claude a rendez-vous avec elle et Martine, il confie à celle-ci, dans un éclat de rire : « J'ai toutes mes chances, elle aime les intellectuels à lunettes ! »

En 1977, Girl's Models commence à s'imposer : l'agence fonctionne bien, les clients affluent, on peut entrevoir un succès rapide. Professionnel de la séduction féminine, esthète, Claude est capable de déceler au premier coup d'œil, dans la grande fille sans maquillage épuisée par un long voyage, la cover-girl que demain *Stern* ou *Marie-Claire* s'arracheront pour leur première couverture. Girl's Models est de toutes les festivités et ajoute, à l'image de Claude, le respect de ses anciens détracteurs. La concurrence commence à le prendre au sérieux. Même si l'affaire n'est pas encore viable à la mort de Claude, Martine reste persuadée qu'avec un peu plus de temps, elle l'aurait hissée au top des agences.

# 4

## *Le début de la fin*

L'empire Flèche ne pouvait survivre à son créateur, tant était importante son implication personnelle. C'est Alain Perrin qui assurera la succession, jouant son rôle difficile de médiateur, d'administrateur, voire de tuteur face à une famille désorientée par la complexité des faits. Perrin mettra près de neuf ans à boucler le dossier, pour faire des enfants les héritiers à part entière.

Alain Perrin : « Du jour où Claude a mis les mains dans les affaires, il a atteint son niveau d'incompétence, malgré une gigantesque force de travail. À l'époque de son *Podium*, il ne gagnait pas d'argent : cultivant une indépendance acharnée, il ne supportait aucune contrainte humaine, assez humilié déjà d'avoir à se plier à des contingences matérielles. On peut lui reprocher ses réflexes de petit patron au style XIX^e^ siècle ; il lui était très difficile de déléguer ses pouvoirs, alors qu'il aurait pu faire fortune en qualité d'associé ou de « silent partner ». Il n'avait du pouvoir qu'un sens aigu et paranoïaque, contraire à toute technique de management efficace. Ses capacités mentales, avec son goût de l'intrigue – car il aimait bien diviser pour régner –, n'étaient pas adaptées à la direction ni à la gestion d'une entreprise. En fait, son gros défaut en la matière, c'est qu'il avait tendance à prendre tout le monde pour ses groupies, alors qu'il y avait des gens, disons normaux, autour de lui, que sa condition "d'idole" n'impressionnait pas. Ce personnage de show-biz faussait les rapports. Mais, nul en affaires, Claude n'en était pas moins un formidable entrepreneur. »

La suite, on la connaît : les meubles, les vins sont vendus aux enchères ; les Éditions Isabelle Musique, gérées par Carrère, restant la propriété des enfants. La vente du Moulin, pour quatre millions de francs, remboursera le fisc ; l'agence Girl's Models sera cédée pour un franc symbolique, comme le parfum Eau Noire, et *Podium* poursuivra sa route sous la férule de Carrère.

Aujourd'hui, les Disques Flèche ont fait place à Flèche Productions et aux Éditions Vade Retro dirigées par Fabien Lecœuvre et un certain... Claude François qui, lui, est bien plus à l'aise que son père dans les affaires.

La machine Cloclo continue donc de tourner entre de bonnes mains !

*Troisième partie*

# LES COULISSES DE L'EXPLOIT

Côté coulisses, le système Cloclo est une fourmilière de personnages atypiques qui ont des fonctions bien déterminées.

Tout a été dit ou presque sur les écarts de comportement de Claude, mais certaines légendes tenaces qui concernaient sa personnalité, ses mœurs, sa disparition perdent peu à peu de leur force et avec le temps, hors du climat passionnel que Claude générait de son vivant, ses amis et ses proches ne peuvent qu'en être satisfaits.

Pour moi « l'enfer du décor » avait des côtés diablement bien sympathiques.

## 122, boulevard Exelmans

Agréables, sur trois étages, les bureaux du 122, boulevard Exelmans sont agencés pour offrir un rendement optimal. Plantes vertes, mobilier aux formes nouvelles, musique d'ambiance omniprésente. Le sous-sol est réservé aux répétitions musicales et aux séances de photo. Un interphone sur chaque bureau permet à Claude, s'il le souhaite, d'écouter ce qui se passe et se dit dans tous les services ; une caméra vidéo surveille les allées et venues, l'écran témoin installé dans le bureau directorial dénonce les trop longs séjours, pour des retouches de maquillage, devant la glace des toilettes... Gare au petit personnel !

Cela nous amène inévitablement à évoquer ces fameuses notes de service dont certaines ont été lues sur les antennes par Guy Bedos comme de véritables sketches.

Dictées par le patron sur son petit dictaphone qui ne le quitte jamais, elles sont dactylographiées dans la nuit même par une fan dont c'est la principale fonction. Attention aux termes techniques déformés, aux fautes de ponctuation, à l'orthographe d'un nom propre ! Célèbres par leur ton, leur virulence, leur longueur et leur complexité, autant que par le désespoir qu'elles procurent aux collaborateurs, ces notes de service s'adressaient également à la famille. Notes de service « à ma sœur », « à ma mère », ou « à Isabelle »... Claude tenait absolument à conserver une trace écrite de toute suggestion, instruction, conseil ou désir : à tout moment, il pouvait ainsi fondre sur n'importe lequel d'entre nous. Pas moyen d'échapper à ces notes... qui parfois nous faisaient crouler de rire sous le poids de leur excès !

Quelques exemples :

« Avec des amis comme vous, je n'ai pas besoin d'ennemis. » « Ton efficacité me sidère. Je trouve que faire les choses, si on les fait mal, est encore pire que de ne rien faire. Cela sous-entend qu'on est con. Je préfère encore les gens qui oublient, car il reste un peu d'espoir, alors que dans ton cas, il n'y en a plus du tout ! » « Con ! Con ! Tu es Con ! Dieu sait comme tu es Con ! Con comme toi, c'est du jamais vu ! C'est un métier d'être Con comme ça ! Je suis épaté je l'avoue : peut-on apprendre à être CON ? Sans doute, mais en travaillant

# Groupe CLAUDE FRANÇOIS

**DISQUES FLECHE - PARFUMS CLAUDE FRANÇOIS - MAGAZINE PODIUM**
**Agence GIRL'S MODELS - Editions ISABELLE MUSIQUE - JEUNE MUSIQUE**
122, BOULEVARD EXELMANS - 75016 PARIS - TÉL. 651-46-41
**Télex : GIRLMOD 63295 F**

**Note de service à :** G. FLORIANT

LIS BIEN CETTE NOTE DE SERVICE CAR JE NE PLAISANTE PAS L'OMBRE D'UNE SECONDE.

JE NE TOLERERAI PLUS JAMAIS QUE TU OSES ME DONNER DES CASSETTES NON REMBOBINEES A LEUR DEPART.

C'EST LA DERNIERE FOIS DE TA VIE QUE TU LE FAIS.

JE TE PREVIENS : JE NE PLAISANTERAI PLUS. LA PROCHAINE FOIS, TU SERAS SURPRIS. IL Y AURA CETTE FAMEUSE REXXXXXX DIFFERENCE DE PENALITE PAR RAPPORT A LA FAUTE QUE PERSONNE NE COMPREND JAMAIS PARCE QU'ON NE SE REND PAS COMPTE QUE CE N'EST PAS LA FAUTE ELLE MEME QUE JE JUGE MAIS LES INNOMBRABLES FAUTES REPETEES QUE JE JUGE D'UN SEUL COUP POUR LA MEME FAUTE. MEME SI ELLE PARAIT RIDICULE SUR LE MOMENT, CE SONT TOUTES LES AUTRES EN MEME TEMPS QUE JE SANCTIONNERAI.

DONC, JE TE PREVIENS : PLUS JAMAIS DE BOBINES NON REMBOBINEES JUSQU'AU BOUT. JE TE PREVIENS POUR LA DERNIERE FOIS DE TA VIE.

**Paris, le** 14.3.77

G.F. Vive l'équipe des 3 mois + 6 mois plus tard !

vous êtes fous !... sans m'avertir... sans me ménager ... vous m'atterrez d'un coup ! :

1) les classements en double
2) les cassettes du départ

aïe ! aïïïïïïïïïe

mon cœuuuuur

MAIS

clodo crise cardiaque mort !

Je me relève...
souriant et rassuré
... on m'annonce que
vous avez oublié le
double du TOP 50 ...
ah ! ... ah quand même !...
... un peu d'oxygène !
Merci ! Merci !...
vous me comblez !! je suis
heureux ! grâce à vous
je ne réussirai jamais tout
à fait !

→ Bebel
content

beaucoup ! Et tu as certainement beaucoup travaillé pour en arriver là. Bref, au risque de me répéter... Tu es Con !!!

« P.S. : et surtout, ne me traite pas de raciste. »

## Cloclo Clan

Dans le clan très fermé du chanteur, le secrétaire particulier occupe un rôle de premier plan. Sa tâche n'est aisée qu'en apparence – il doit être capable de conduire la voiture, de ne rien oublier et de jouer le cas échéant les gardes du corps – et pourtant ils ont été nombreux à s'y brûler les ailes, et tous personnages hors du commun ! Pour mémoire, nous citerons :

Ticky : il a supporté le pire et le meilleur pendant des années. Viré, réintégré des millions de fois, Ticky Holgado amusait Claude.

Il fait aujourd'hui une intelligente carrière au cinéma.

Marmaduke : Anglais, surnommé « Le Singe » parce qu'il avait une manière singulière de se gratter la tête, il était censé parler à Claude dans la langue de Shakespeare, mais celui-ci ne lui en laissait pas le loisir, passant son temps à hurler après lui. Parmi ses bévues innombrables, la dernière fut fatale à sa carrière : « planter » la Mercedes de Claude – une voiture de cinq cent mille francs – sur le périphérique, une petite cuillère dans la main gauche et dans l'autre un de ces yaourts dont il raffolait...

Jean-Marie Piton, dit « Gros Minet » : cent cinquante kilos de muscles tahitiens, voix d'outre-tombe, Magnum 345 au côté, capable de rentrer dans un tiroir au moindre regard du coq.

La tour de contrôle, c'est Nicole Gruyer – « le Fort Knox de l'information Cloclo » –, qui assurera l'exécutif pendant près de quinze ans. Elle occupe une place inexpugnable.

Jean-Pierre Bourtayre restera son compositeur attitré et son directeur artistique hors divorces à répétition. Claude adore nous dresser l'un contre l'autre, diviser pour régner reste une de ses stratégies préférées. Contre vent et marées nous sommes toujours restés complices.

Quand Jean-Pierre, « Boubou » pour les intimes, devait faire un retour dans nos murs, il m'appelait la veille :

« Mon pauvre Floflo, ça va encore être ta fête ! »

Nous devons nous montrer disponibles vingt-quatre heures sur vingt-quatre, prêts à entrer en studio, à prendre l'avion, à interrompre nos vacances, sur un simple coup de fil du boss...

Le directeur artistique, pour sa part, doit être perpétuellement en chasse de tubes étrangers, un doigt sur le télex pour réserver les droits d'adaptation d'une chanson entendue sur une fréquence anglaise ou américaine, un autre sur l'interphone pour dire à Claude que c'est déjà fait, tout en s'occupant simultanément à réserver des séances dans les meilleurs studios, conversant avec le nouveau compositeur à succès convoqué en urgence. La valise d'effets personnels doit être prête à tout instant. Bien entendu, notre directeur artistique ne doit craindre ni le « jet lag », ni les trous d'air, ni la vitesse sur route (Claude roule à caveau ouvert), spécialement lorsque le patron se fait doubler à deux cent trente à l'heure par une Carrera sur le périphérique.

Claude n'est jamais aussi détendu avec ses collaborateurs que lorsqu'il se trouve hors d'un contexte de travail. Les dîners en ville, les week-ends, les vacances nous offrent un homme capable de faire les pires blagues, âge mental dix ans !

Le reste du temps, il faut savoir veiller au grain !

Même le petit personnel n'est pas épargné.

Menant ses troupes à épuisement, Claude méprise le code du travail, Caligula et Néron à la fois, son comportement éveille la curiosité des syndicats.

Oui, les syndicats ont tenté une percée dans la forteresse la plus dure du capitalisme populaire, mais attention !

Ce concept est royalement interdit de séjour, boulevard Exelmans.

Claude, en bon self-made man, ne pouvant prononcer le mot « grève » sans faire une crise d'urticaire.

L'application de la semaine de trente-cinq heures au sein de ses structures l'aurait rendu fou !

Donc, en 1977, une jeune inconsciente, téléguidée par le syndicat Force Ouvrière, qui pensait semer un vent de contestation parmi le personnel après un seul mois de présence, se présente sans avoir été annoncée au bureau de Claude, premier étage porte gauche et lumière rouge allumée (défense d'entrer). Apparemment daltonienne, elle force le barrage.

« Claude, cela fait quelque temps que j'observe ce qui se passe ici, il semble que beaucoup de règles syndicales ne soient pas respectées. »

Agiter un chiffon rouge devant un taureau de combat orphelin bardé de banderilles n'aurait pas d'effet plus immédiat.

À trois octaves au-dessus de la clé de sol, Claude s'exprime au bord de l'apoplexie...

« Jean-Marie. »

À l'étage du dessous, le surnommé « Gros Minet » sursaute.

« Titi appelle au secours. »

Le temps de monter à quatre mains les quelques marches qui le séparent du saint des saints, l'action est réussie : neutralisation par une clé au bras, élévation, épaulé-jeté de la contestataire et dépose sur le trottoir.

Comme on peut l'imaginer, l'affaire ne va pas en rester là.

Une délégation de « camarades », appelée au secours de la malheureuse, prend rendez-vous avec ce bafoueur des droits populaires.

De mon bureau adjacent à celui de Claude, les connexions s'enchevêtrent, les micros espions peuplent les plantes vertes qui junglent le bureau de l'artiste, mes magnétos sont prêts à tourner.

Je guette le dérapage.

Finalement, l'entretien s'achèvera par des échanges de politesses du style : « On est quand même contents de vous rencontrer ! » « Ma fille ne va pas en revenir. » « Ma femme va être jalouse. » De fait, les revendications sont très vite oubliées. « Je te jure, je l'ai vu en vrai, il respire comme nous, je lui ai même serré la main. »

Ce joli monde posera devant l'Instamatic pour immortaliser l'instant ! La photo doit trôner aujourd'hui sur un quelconque buffet de salle à manger où la télé ne zappe jamais sur Claude François. Souvenirs... souvenirs...

Indispensables aussi, le docteur Elbaz pour le nez, le docteur Kraviéki pour la gorge, le docteur Dupuytou pour les dents, Marc Hino pour les soins de peau, Martine Robert de chez Carita pour le maquillage, Camps de Luca aux costumes... La liste de ceux qui peuvent être réveillés à n'importe quelle heure de la nuit est interminable.

Chez Mercedes, on est prêt à tout moment à un échange standard si la voiture fait le moindre caprice, *idem* chez Volvo pour les camions du matériel de scène. Aux uns – le personnel – comme aux autres – le matériel –, les états d'âme sont prohibés. L'inhalateur d'ozone, si précieux au moment des séances de voix, est interdit de panne... comme tout le reste !

Je garde encore présent à la mémoire le souvenir du bon docteur Kraviéki en train de courir comme un dingo, en plein hiver et malgré ses quatre-vingts ans, sur l'aéroport privé du Bourget pour faire une petite injection d'huile dans les cordes vocales fatiguées du chanteur à deux heures d'une séance de voix londonienne, après avoir localisé notre avion au milieu des bourrasques.

Claude savait mieux que quiconque mobiliser les forces des serviteurs de l'impossible !

## Les Clodettes

Directement inspirées des groupes féminins de la galaxie Tamla Motown – Ikettes, Ronettes et autres Supremes –, version danse, valorisantes pour le leader, les Clodettes faisaient aussi songer aux Pom Pom girls des émissions américaines, quoique en plus sexy.

Le recrutement s'effectuait indistinctement dans tous les lieux où l'on danse, cours de danse, clubs, etc.

L'audition est sévère. Outre ses qualités spécifiques de danseuse, une Clodette doit avoir du « chien » et de la discipline. Un peu à la manière d'un Bernardin sélectionnant des stripteaseuses pour son Crazy Horse, Claude s'attache à choisir des filles aux formes pleines et mouvantes en plein effort, plutôt que des mannequins filiformes, placides, sans autre ondulation sensuelle que la vague de leurs cheveux.

Il le dit souvent en d'autres termes : « Il faut prendre des filles qui ont des bonnes têtes de salopes. »

Pour Claude, la recette efficace des Clodettes pouvait se traduire par la gouaille d'une Dany, le maintien classique d'une Prisca, la beauté triomphante de Peggy et de Julie, la sensualité black de Pat ou Ketty, le sourire de Marion, celui de Maddly ou de Carole, et la magie de Sandra, Haïtienne jusqu'au bout des seins ; c'est toute la recette d'un cocktail érotico-tonique qui fera largement ses preuves. Et les Clodettes connaîtront des émules jusque dans les maternelles...

## Les musiciens

Les musiciens étaient très proches de Claude, ou du moins ils le respectaient. Le degré d'amitié ne se mesurait souvent ni aux invitations ni aux honneurs, mais à l'aune des engueulades. Ceux qui ne devaient pas rester étaient sanctionnés par le mépris, cinglant, sans appel. Il en a usé des foultitudes, le siège le plus éjectable étant sans doute celui de la batterie – la section rythmique était mise à l'épreuve d'une façon permanente pendant les galas : pas d'arrêt entre les chansons ! Les deux batteurs se relaient et le show continue – mais il s'est toujours entouré de grandes « pointures ». De Slim

Pezin (aujourd'hui avec Sardou) à « Bonbon » le Cubain aux congas, en passant par Benjamin Cohen ou Patrick Bourgoin. Sans oublier le compositeur Jean-Claude Petit pour les arrangements. Respecté des « requins de studio » (les musiciens efficaces et lecteurs rapides, qui accumulent les séances d'enregistrement payées à prix d'or), il entretient les meilleurs rapports de collaboration avec des musiciens venus d'horizons aussi divers que Ray Cooper, le complice d'Elton John, John Paul Jones, de Led Zeppelin, les compositeurs Roger Greenaway, Lamont Dozier (de Tamla Motown), Barry Morgan, Herbie Flowers ou Peter van Hook. Esquissant un jour un pas de danse avec les Jackson Five dans l'aéroport de Bruxelles, la bande à Michael est subjuguée... alors que l'intelligentsia du rock français se pince le nez devant le show des Carpentier !

Les ingénieurs du son, eux aussi, ont beaucoup donné de leur vie privée pour assurer des séances marathons de quarante heures. Si Claude était un consommateur effréné de musiciens, il lui était plus difficile de jeter les techniciens dont il était l'hôte dans les studios. Au début de sa carrière, les mixages étaient assurés par Roger Roche et les prises de son par Claude Martenot. Du studio de la Gaîté aux studios de Londres ou de Detroit, il a toujours montré le plus grand respect pour ceux qui traitaient à vif les bandes vingt-quatre pistes où sa voix paraissait tout à coup si fragile. Une grande fidélité l'unissait aux ingénieurs du son anglais, comme Stephen Taylor, qui représentaient la nouvelle vague, mais aussi et surtout à Bernard Estardy, l'ermite de CBE, véritable colosse au jugement artistique duquel Claude – jamais très sûr de lui en ce qui concernait ses propres prestations – s'en remettait entièrement. Pas la moindre colère, jamais le moindre haussement de ton à CBE... tout se passait toujours pour le mieux. Une dernière séance de mixage s'y déroulait, ce mercredi 8, précédant le samedi fatal où Claude disparaissait...

## Les séances d'enregistrement

Claude arrivait en moyenne avec quatre heures de retard au studio Davout... Peu importe : le studio B est loué à l'année. À peine sorti de voiture, il va discuter d'une page de *Podium* au téléphone avant de se faire passer tous les responsables du journal pour un sermon musclé. C'est l'échauffement avant la bagarre. Les bases orchestre ont été enregistrées avec des musiciens anglais la semaine précédente. Aujourd'hui, Claude fait la voix de *Rio*. Il se réserve quatre pistes pour avoir ensuite le choix entre chaque mot, chaque syllabe, jugés les plus performants. Pendant qu'il hurle au téléphone, le secrétaire installe un inhalateur à ozone et une pharmacie de secours, bourrée de médicaments pour parer à tous les coups du sort... Derrière la console, je m'installe aux côtés de Jean-Pierre Bourtayre, Guy Huiban et de l'ingénieur Daniel Shaer. Nous sentons la tension monter, Claude s'est fait fabriquer un « mélangeur », une console spéciale de vingt-quatre pistes pour faire lui-même la balance du casque. Il n'utilise d'ailleurs qu'une seule oreillette. La force du retour serait capable de mettre KO Marvin Haggler : Claude souffre en effet d'une légère perte d'audition après l'attentat du Hilton de Londres où il a subi une perforation du tympan. Au bout de dix minutes d'essais, pourtant concluants, il s'énerve et tout bascule. Les insultes volent. Je claque la porte, suivi de près par Boubou. On n'attend pas une demi-heure pour voir le preneur de son, livide sur sa console, tenter d'échapper à son tour à un Cloclo fou furieux...

Mais il n'y avait pas que ce Claude François des mauvais jours...

*Alexandrie, Alexandra*, par exemple, restera un beau souvenir. J'ai oublié l'épuisement consécutif à mes allers et retours entre Londres et Paris dans la journée avec l'avion de Claude. Séance de rythmique le soir au studio Trident, de cordes le matin au studio Davout, de cuivres l'après-midi chez Bernard Estardy. Retour à Londres, avec mes bandes sous le bras, pour enregistrer les chœurs anglais vers onze heures du soir... avant d'attaquer un mixage entre minuit-une heure et cinq heures du matin. Le tout à force de cafés et de vitamine C, et de déprimes (qui mènent à la clinique) en engueulades, de retours d'affection en divorces définitifs. Personne n'était indispensable... Personne, excepté Cloclo !

Les séances de Londres s'achevaient rituellement au restaurant polynésien Trader's Vick, situé sous l'hôtel Hilton où nous descendions. Ils s'y souviennent encore de nous, de nos blagues et des filles plantées devant nos chambres toute la nuit durant...

À Londres, Claude profitait d'un relatif anonymat pour faire du shopping décontracté et... shooter dans la poubelle de l'Intercontinental les soirs de cocktail. L'Angleterre était alors considérée comme la terre promise des studios d'enregistrement. Aujourd'hui, Claude serait tout étonné de constater que Paris est devenu en ce domaine une véritable plaque tournante. Il n'aurait pas eu besoin d'aller loin pour croiser Stevie Wonder ou s'étonner du look d'Annie Lennox, qu'il n'eût pas manqué de courtiser. Mais la principale fonction de l'Angleterre, aux yeux de Claude, était celle de tremplin pour les États-Unis. Et l'équipe que nous formions avait d'abord la tâche de conquérir avec lui le marché anglais.

Une équipe où l'on trouvait Nicole Damy et, plus tard, Nicole Lhuillier, l'indispensable Jean-Pierre Bourtayre, l'éditeur anglais Richard Armitage, Norman Newell, l'incontournable compositeur Roger Greenaway et moi-même dans l'humble fonction de ministre des Affaires étrangères (surnommé Sauvagnargues pour la circonstance). Une équipe qui ne ménagea pas ses efforts, sans pouvoir parvenir au terme de sa mission, le bon Dieu ne lui en laissant pas le temps. Mais l'accroche était sérieuse. Claude enregistra un album en anglais pour Emi Angleterre, brillant dans de nombreuses émissions de télé, telles que « Musical Time Machine » ou « Stars On Sunday »... et se dépensant sans compter. Combien de fois ne m'a-t-il pas adressé du bout des lèvres un « J'en chie », de fatigue, alors que la bande play-back roucoulait un *Love Me* à faire tourner nymphomane la plus candide lady ? Sa réputation l'avait précédé et la presse anglaise le surnommait « Mister Oh la la ! » C'est d'ailleurs pour les caméras de la BBC qu'on le verra chanter en Suisse, à Leysin, la veille de sa disparition.

## Les fans

Véritable peuple organisé en tribus, en clans, avec une structure centrale, les Disques Flèche, voilà les fans de Claude François, issus essentiellement d'un milieu populaire. Dès seize ans, la fan type travaille pour être indépendante et pouvoir suivre l'idole dans tous ses déplacements. Celle qui a une voiture transporte les autres, les plus défavorisées font du stop, avec tous les déboires et « arrangements » possibles pour rejoindre le lieu du gala.

Certaines n'hésitent pas à se prostituer pour vivre leur passion. Sur son minicassette – le walkman n'existe pas encore – la fan n'écoute jamais que Claude. Les fans parisiennes ou celles qui ont quitté leur ville natale suivent à la minute près le planning de leur idole.

Devant les bureaux du 122, boulevard Exelmans, elles stationnent dès dix heures du matin. Leur nombre est toujours sensiblement le même, les nouvelles arrivées ayant beaucoup de mal à se faire accepter : parmi cette trentaine de « permanentes », une dizaine ont le redoutable honneur de travailler auprès de Claude. Elles occupent des fonctions diverses, qui vont du service courrier à la direction du fan club. La fonction d'habilleuse, prompte à recevoir toutes les engueulades, est très prisée. S'occuper de tous les costumes, des dizaines de chemises et malles pleines d'accessoires, comme assurer la responsabilité du camion, le conduire au besoin pendant quinze heures d'affilée sur l'autoroute pour prendre un peu d'avance sur la Mercedes de Claude qui, de toute façon, le dépassera à plus de 200 à l'heure, c'est une vie d'esclave. Et seule une fan peut vraiment tenir le coup !

Dès son départ de l'appartement, au 46 du boulevard Exelmans, les fans qui sont restées toute la nuit dans l'entrée ou l'escalier de l'immeuble se battent pour lui tenir la main, le temps de l'accompagner jusqu'à sa voiture qui chauffe en double file. Ensuite c'est la course pour l'accueillir, deux cents mètres plus bas, au 122. Les fans attendent alors toute la journée devant la porte du jardinet, l'accompagnant à nouveau à sa voiture s'il doit partir en studio. Là, on observe une petite variante : elles se placent de cinquante mètres en cinquante mètres sur le chemin présumé de la voiture, et Claude s'arrête pour embrasser chacune d'elles par la vitre baissée. Elles resteront devant le studio jusqu'à trois ou quatre heures du matin, puis – qu'il vente, qu'il pleuve ou qu'il neige – elles attendront ensuite devant le restaurant La Cloche d'Or où l'équipe dîne le plus souvent. Elles s'en iront enfin dormir dans les escaliers ou bien chez elles pour quelques heures seulement.

Claude les baptise de noms en rapport avec leur spécialité, leur métier ou leur physique : « Obélix », qui tape les notes de service et occupe la fonction d'accessoiriste, est taillée comme un menhir ! « Pharmacie », parce qu'elle fait des études médicales ! « Cigare », parce qu'elle ne fume pas la pipe ! « La Glue », parce qu'elle ne le lâche pas d'une semelle...

Josette Martin (ex-directrice du fan club consacré à Claude, aujourd'hui disparue), expliquait : « Il y avait une hiérarchie chez les fans, basée sur l'ancienneté. Certaines avaient le droit d'aller jusqu'au palier du huitième étage où se trouvait l'appartement, d'autres avaient le suprême honneur de descendre avec lui dans l'ascenseur et de lui faire une bise, les dernières étaient seulement admises à attendre en bas. Claude disait lui-même : « Elles ont un grade quelque part dans mon cœur puisqu'il y en a qui me suivent depuis quinze ans... Les petites dernières qui viennent d'arriver doivent gagner quelques galons ! »

Elles se battent entre elles pour obtenir des privilèges, Claude ne se privant pas pour attiser les haines et les jalousies. Quand une fille choisie est admise dans son appartement, il n'est pas rare qu'elle se retrouve ensuite battue ou griffée par les autres. C'était le petit royaume dans lequel Claude, en bon suzerain, aimait à diviser pour régner, comme il le faisait du reste avec tous ses collaborateurs.

La « Cloclomania » étant transmissible et héréditaire, les plus anciennes fans viennent avec leurs enfants. Ainsi, loin de vieillir, le fan club rajeunit-il perpétuellement. Aujourd'hui, les fans continuent de lui vouer un culte fidèle à base de messes et de commémorations diverses.

Pour certaines, Claude ne pouvait qu'être éternel : c'est ainsi que l'une de ses plus grandes vestales engloutit la fortune familiale en affrétant des hélicoptères pour survoler les îles perdues du monde entier, certaine de le découvrir heureux et retiré des affaires.

Des fans affirment toujours qu'au cours de certaines croisières, leur bateau a été approché par un hors-bord conduit par Claude qui leur faisait des signes de la main.

Pour ma part, le seul élément troublant auquel j'ai été confronté me laisse encore perplexe : les fans savent tout, les plus proches, ex-habilleuses, secrétaires, gardent tout !

L'une d'entre elles m'appelle en 1988, sachant que je préparais un livre sur son idole.

« Guy, j'ai des microcassettes où Claude a enregistré pas mal de notes de service dont certaines te concernent. Cela peut t'être utile. »

Les cassettes sont rapidement en ma possession et là... problème !

Je n'ai plus le lecteur, le dictaphone approprié. Le mien est de marque japonaise, nous étions équipés en Philips.

Cassette et magnéto étant incompatibles, qu'à cela ne tienne je vais m'acheter un Philips.

Deuxième problème : les formats ont changé !

Je fais tous les magasins d'occasions, les brocantes, afin de retrouver un appareil susceptible de lire enfin ces foutues cassettes. Pendant des mois, rien.

Bon sang, mais c'est bien sûr, il suffit d'appeler les services techniques de la marque en question, ils doivent bien avoir un lecteur qui traîne dans leurs entrepôts.

Après des tas de démarches, je vous passe les détails, on me passe une femme qui écoute attentivement ma demande.

Elle va faire des recherches. Peut-elle me rappeler pour me tenir au courant ? Sans aucune difficulté je lui donne mon numéro de téléphone et... mon nom.

Là, silence radio !

Après quelques secondes pesantes, elle retrouve la parole.

« Floriant, celui qui travaillait avec Claude François ?

– Oui, lui-même...

– J'ai le lecteur qu'il vous faut, enfin, je veux dire un des lecteurs de Claude. Mon mari avait fait des travaux d'entretien chez lui il y a une dizaine d'années et il avait "emprunté" un de ses dictaphones. »

C'est ainsi que plus de dix ans plus tard j'ai pu écouter les notes de service de Claude sur l'un des magnétos où il les avait dictées !

Étrange, non ?

Réunions, galas où passent des ex-Clodettes en direct, projections sur écran géant où chaque entrée en scène de Claude est saluée par un délire qui rappelle les meilleures tournées... Nombre de fans sont abusées, escroquées par des organisateurs véreux, avec leurs sosies poudrés, vaguement ressemblants, pauvrement sautillants, si peu créatifs, peu importe, le spectacle continue !

À Dannemois, le bar-tabac croulera longtemps comme une boutique de Lourdes sous les Cloclos lumineux, les posters encadrés de plastique et les portraits peints sur miroir ! Ce village qui supportait mal le show business du vivant de Claude s'est bien rattrapé ensuite, avant de tomber dans l'oubli.

## Culture et politique

Claude souffrait de ne pas avoir le temps de se cultiver. Au dernier Goncourt, il préférait ce qui pouvait servir directement son éclectisme. *La Psychologie des foules* de Gustave Le Bon, les traités de gestion, la vie de Mozart, les articles sur la diététique avaient sa préférence.

Charles Villeneuve (directeur de la rédaction d'Europe 1) : « C'était un être profondément inculte, mais supérieurement intelligent. Il avait une véritable boulimie d'informations sur le sujet qui connaissait ses faveurs. Malheureusement cette curiosité méticuleuse lui faisait couper les cheveux en quatre, il partait à la recherche de tous les ouvrages sur la question, les ingurgitait trop vite, et commettait ainsi des fautes d'appréciation extraordinaires. Il ne prenait jamais assez de recul. »

## Claude et les femmes

À ma connaissance, de toutes les femmes qui ont traversé la vie de Claude, il n'y en a pas eu plus de trois à se partager le monopole de son affectif profond.

Plus superficiellement, il m'a quelquefois dit avoir tenu les plus belles, les plus célèbres dans ses bras.

Pour ma part je n'ai connu que deux « officielles ».

La Finlandaise Sofia, superbe panthère des neiges,

féline et jalouse à souhait, que Claude appelait « Sauvage » ; l'Américaine... Kathaleen, un top de l'époque, que Claude dénommait « Costaud ».

Toujours aussi tyrannique, il avait décidé de la faire chanter ; la seule phrase qu'elle devait prononcer en solo dans *C'est comme ça que l'on s'est aimés* nous a fait sombrer dans la folie durant une nuit d'enregistrement au studio de Bernard Estardy. « Tu en as bu un peu » devenait « Tou en as bou un pou »... Cinquante prises successives n'y changeront rien, sauf que ce qui devait être un duo d'amour a failli devenir une jolie scène de ménage : une femme et un homme au bord de la crise de nerfs ne feront jamais le meilleur film sentimental.

Finalement, la chanson ne fera pas le tube escompté, et Claude rangera ses espoirs au rayon des illusions perdues.

Isabelle, la mère de Marc et Coco, n'a sans doute pas eu la meilleure part de l'affection. Mais deux fils, n'est-ce pas inestimable ? Aujourd'hui, c'est une femme épanouie, brillante, qui a hérité de Claude ses qualités d'expert en vins les plus fins.

Mais je ne peux m'empêcher d'ajouter mon sentiment sur cette réputation homosexuelle si chère à ses détracteurs.

Je n'ai connu l'homme que quelques années, en partageant avec lui des moments d'intimité dont n'ont pas eu l'honneur la plupart de ces corbeaux.

Extraverti comme il l'était, il eût été sans doute le « gay » le plus prosélytique. Se serait-il aussi impliqué dans le journal *Absolu* en tant que photographe... ?

Et puisque vingt ans ont passé, je m'adresse aux journalistes qui ont eu la bassesse de supputer que Claude était mort électrocuté par un gadget sexuel. Aucun de ces objets, à ma connaissance, ne se branche sur le secteur. Voilà !

Claude plaisait aux homosexuels au même titre que la regrettée Dalida – tous deux étaient d'ailleurs natifs d'Égypte, élevés à Alexandrie. Comment l'expliquer ? Peut-être par cette déclaration de l'intéressé lui-même en 72 pour *Salut les copains* :

« Je suis maniaque pour tout ce qui concerne mon physique, je ne supporte pas d'être négligé, je me soigne, je m'entretiens à longueur de journée, ça me donne un côté sain et peut-être efféminé qui semble plaire beaucoup aux filles... mais déplaît aux garçons qui me traitent souvent de pédé. En fait je suis un obsédé sexuel ! Obsédé par les petites filles de quatorze à vingt ans, c'est pourquoi j'adore les photos de David Hamilton. Bref, je n'ai rien d'un pédé ! Je crois que les filles sentent cet attachement maladif que je leur porte... et qu'elles m'aiment pour cette raison aussi. »

## Monsieur propre

Claude, c'est la star Super Nette.

Hypocondriaque, il ne supporte ni le contact d'un grain de poussière, ni la vue d'une ombre suspecte sur un col de chemise.

Les soins des cheveux, les nettoyages de peau, les séances de manucure, les bains de vapeur, les inhalations, les cures de Gérovital, tous les moyens lui sont bons pour donner à son organisme le meilleur rendement.

Les aliments diététiques de La Vie Claire lui permettent de se passer de déjeuner ; le cross du dimanche, les longueurs de piscine, le tennis, le ping-pong, les exercices de danse font le reste.

Entrer enrhumé dans son bureau est assimilé à un

attentat contre sa personne. Outre ses hurlements, il faut alors subir l'attaque immédiate d'un nuage d'aérosol antiseptique. L'amour qu'il porte aux Nordiques est d'ailleurs lié à leur légendaire propreté.

Ajoutez à cela une valise de vitamines, de nébulisateurs, de produits diététiques, qui le suit partout, cela donne un cocktail détonant, une résistance de « Terminator ».

Maniaque pour lui comme pour les autres, il fait cuire ses invités consentants dans le sauna finlandais qu'il s'est fait installer près de sa piscine. Quelques top models participant souvent à l'aventure, on ne se faisait pas prier.

« Le maintien en forme, déclarait-il, j'en suis l'exemple vivant. Mais il faut savoir doser, savoir jusqu'où l'on peut "aller trop loin". Je prétends que l'excès d'activité entretient mieux que l'excès de paresse. Le tout est d'apprendre à connaître les réactions de l'organisme. Personnellement j'ai la chance de pouvoir récupérer vite et facilement. Je profite de l'occasion de dormir chaque fois que je le peux, ce qui me permet de pouvoir sauter une nuit si le cas se présente. J'ai appris à me contenter de six heures de sommeil, mais je peux tout aussi bien dormir douze heures ou pas du tout. »

## Un week-end au Moulin

Claude adore les animaux : c'est donc au Moulin qu'il peut en profiter.

Le 25 novembre 1972, Claude accueille un nouvel arrivant au Moulin. « Julot » lui a été offert par des chasseurs. Marcassin orphelin, il va rejoindre les occupants à poils et à plumes de la résidence des week-ends : les quatre cygnes blancs, les quatre flamants roses, les deux paons, les quatre chats et les quatre chiens... et deux grues africaines.

L'atmosphère familiale est garantie. Les chambres avec bains sont luxueuses. Bercé par le bruissement de la rivière qui serpente à travers le jardin, votre sommeil s'accompagne des essences déposées à votre intention sur la table de chevet. S'il pleut, le salon américain vous accueille avec l'un des plus grands aquariums d'eau de mer existant en Europe. Télé, vidéo, musique, lecture, choisissez votre occupation. Le soleil se lève ? Les vélos sont à disposition, ainsi que des tenues de tennis complètes : chaussures, raquettes de toutes tailles, sans oublier les peignoirs et maillots de bain pour la piscine. Sur le court de tennis, une machine à renvoyer les balles... À la piscine, une sono incorporée... Vers dix-sept heures, l'apéritif vous est proposé près de la roue du Moulin ; sardines grillées au barbecue, arrosées d'un petit vin d'Orléans, un « Gris Meunier », avec tarama et olives. Pour le dîner, maman Lucie, spécialiste de la moussaka, est aux fourneaux. Le service a lieu dans la salle à manger rustique, après le rituel du choix des vins par Claude : les bordeaux les plus rares. Enfin, la soirée s'achève en salle de projection où le ronronnement du gros projecteur trente-cinq millimètres endort les rescapés dans les coussins moelleux disséminés à même le sol.

Peu d'artistes invités, surtout des amis journalistes ou producteurs. Michel Sardou et sa femme passeront pourtant au Moulin un des derniers week-ends du vivant de

Claude, Jacques Martin et Stéphane Collaro aussi, qui n'auront d'autre épitaphe, quinze jours, trois semaines plus tard, que celle-ci, très... « classe », en direct un dimanche après-midi : « Il avait de bons pinards. »

Nombre de squatteurs indélicats qui ont la mémoire courte, mais Claude pense qu'en ouvrant sa maison on ouvre le cœur des autres.

Johnny Hallyday, qu'aujourd'hui encore je respecte énormément contre les rumeurs de « stupidité » (messieurs, quand on arrive à faire quarante ans de carrière en emplissant les stades, en éveillant l'inspiration des jeunes qui prennent la relève – Pascal Obispo après Berger ou Goldman, oui, le french rocker derrière lequel les Foreigners de Micky Jones ou Jimmy Hendrix faisaient leurs premières armes), cet éternel adversaire, avec lequel la paix venait d'être signée – Johnny n'avait-il pas déclaré à la presse : « Je continue à chanter pour emmerder Claude François ! » ?

N'avait-il pas, avec ses potes, placée sur cales la voiture de Claude devant une boîte de nuit après en avoir démonté les quatre roues ?

Ce mythe avait été invité par Claude pour un week-end sympa après un dîner de réconciliation auquel j'assistais. Johnny fêtait son anniversaire à l'Élysée Matignon. Nous y avions été entraînés par Sardou après une émission des Carpentier.

Mais leur façon de concevoir les moments de détente était diamétralement opposée. Ball-trap et bourbon pour l'un, contre tennis et sardines grillées pour l'autre... devinez de quel côté on joue... !

Ce jour-là, Johnny, arrivé en toute simplicité, chien loup dressé, manager armé, lunettes noires, alors qu'en

J.J.Tilché, Nicole Gruyer,
le premier staff.

Le blues du businessman ?

Avec Claude, les Bee Gees découvrent
la fièvre du samedi soir !

Camions Podium : la logistique Cloclo
est en route.

Fléchettes et Clodettes première mouture...

Claude surfe sur la nouvelle vague.

« Décembre 74, affiche du Gala Perce Neige: L'Idole »

Sur la « Planète Scène ».

**Claude dans la « Vraie vie ».**

Dans la famille François :
les hommes !

© Collection personnelle Guy Floriant

Finlande 76,
les jeux d'Helsinki.

Un père comme les autres.

© Collection personnelle Guy Floriant

**Tournée Antilles, avril 76 : Slim Pezin, Claude, Guy Floriant, Charles Villeneuve et Geneviève Leroy. Visiblement le patron n'a jamais le temps de faire le lézard !**

**10 mars 78 : Leysin ; dernière photo de Claude vivant.**

short et tee-shirt Claude et moi-même échangeons des balles sur le court de tennis, doit faire face à un Claude François survolté, pressé de faire étalage de ses connaissances diverses et surtout œnologiques.

Johnny se relâche un petit peu plus tard dans la piscine, est-ce la présence d'une Clodette en strict minimum et la séance de sauna qui s'ensuit qui nous permet de gagner quelques heures avant le clash ?

Lorsque, pour faire plaisir à notre invité, je passe une cassette vidéo d'Elvis Presley à Hawaï, Claude opposera des critiques de la pire mauvaise foi à l'égard du King.

« Putain, je ne m'étais jamais aperçu combien ça chantait faux derrière. » Échange de politesses, Johnny lui offre une vidéo de *La Guerre des étoiles* un an avant la sortie officielle. Mais rien n'y fait.

Claude en rajoute tellement qu'à plusieurs reprises « Jojo » me glissera à l'oreille : « Dis-moi, il a tout compris ton patron... »

La soirée se déroulera assez courtoisement, bisous à la maman, projection, mais Johnny quittera le Moulin le dimanche matin avant même le réveil de Claude, sans omettre cependant de téléphoner dans l'après-midi à Mme François mère pour la remercier de son accueil.

Le Moulin, dont Claude connaissait les massifs par cœur, était le seul endroit où l'on pouvait le voir en peignoir et sabots blancs, l'arrosoir dans une main, le sécateur dans l'autre ; suivi de sa fiancée, il parlait aux fleurs, aux oiseaux... Scindé en deux, le Moulin abritera quelques années plus tard un restaurant, avant d'être livré à la nature, quelquefois si peu respectueuse du passé.

Qui se souvient encore du chat Léon et de sa compagne Lola ? Que sont devenues les grues africaines qui passaient un œil étonné par la fenêtre, au moment du petit déjeuner, provoquant notre fou rire ?

RIDEAU !

Claude ne craignait que la nuit et la mort. Son attitude était celle d'un vampire : le jour se lève, il va dormir ! « La nuit, c'est la mort », confiera-t-il un jour à Charles Villeneuve.

Alors nous arrivons à cette sempiternelle question posée du bout des lèvres, à laquelle chaque proche de la star doit répondre, ne serait-ce que pour préserver la santé mentale de celui qui la pose.

« Ah ! Vous l'avez bien connu ? Au fait... c'est vrai ce qu'on dit ? Vous savez, on entend tellement de choses... » (Anonyme fin XX^e^ siècle.)

Autant faire répondre les témoins oculaires plutôt que de prêter attention aux dires de *« quelqu'un qui connaissait très bien le cousin du médecin qui avait fait l'armée avec le pompier qui était copain avec le mec du SAMU venu sur les lieux du drame ! »*

En 1978, Marie-Thérèse Dehaeze est l'attachée de presse de Claude ; elle sera surtout le témoin oculaire de l'accident du 11 mars 78. C'est elle qui portera, avec Kathaleen, les premiers secours. Leurs efforts conjugués, ainsi que ceux des pompiers et du SAMU arrivés sans tarder sur les lieux, resteront malheureusement vains.

Dans sa demeure de Rueil-Malmaison, Marie-Thérèse témoigne sans ambiguïté.

« Tu étais dans l'appartement ce jour-là : peux-tu nous dire une fois pour toutes ce qui s'est réellement passé, quitte à mettre fin définitivement à toutes les légendes qui courent et à ces tombereaux d'imbécillités qui ont pu être déversés sur la mémoire de Claude...

– Après tout ce que j'ai entendu, c'est presque un devoir de le dire... Il s'est même trouvé un chanteur (connu pour entendre les trains siffler) qui a présenté de la mort de Claude une version rocambolesque. D'après lui, Claude aurait été assassiné sur ordre du Shah d'Iran parce qu'il était soi-disant amoureux de la Shabanou ! Une première tentative d'assassinat aurait eu lieu à Londres – le fameux attentat à la bombe du Hilton –, une deuxième dans le sabotage d'un hélicoptère qui s'était écrasé quelques minutes après que Claude l'eut quitté, la troisième et fatale tentative ayant été celle de l'appartement piégé ! Une histoire invraisemblable.

– Tu as vu Claude mourir...

– À dix-sept heures, j'étais allée le chercher pour l'émission de Drucker, « Les Rendez-vous du dimanche ». J'avais la clé de l'appartement, j'entre... Pas un bruit, tout le monde dormait. Je frappe à sa porte en l'appelant. Il arrive au bout d'un moment, et on discute un petit peu.

« Claude : "Oh ! Iceberg, vous n'allez pas commencer à m'emmerder, laissez-moi un peu de temps."

« Moi : "Non, Claude, il faut que nous soyons à l'heure."

« Claude : "Bon... Promis, je me dépêche. Puisqu'il fait beau, montez donc sur la terrasse, je vous prépare un petit plateau."

« Il savait que j'adorais le caviar et il en prenait lui-même un peu tous les jours pour soi-disant, la "régénérescence des cellules".

« Il me prépare donc ce plateau avec quelques toasts,

toujours très prévenant comme il savait l'être avec les femmes. C'était un homme très délicat.

« Claude : "Je vous laisse..." Il rejoint sa chambre, et branche à fond la cassette d'*Alexandrie* : il devait en effet l'interpréter à l'émission. Kathaleen vient discuter un peu avec moi, et au bout d'un moment, je la quitte pour monter sur la terrasse... Je n'avais pas gravi trois marches que j'entends un cri terrible ! Dans ces cas-là on pense à tout et à n'importe quoi. Je m'attendais à trouver un cambrioleur, je redescends en vitesse... Kathaleen hurlait dans la chambre. Et je la vois tirant le corps qu'elle venait de sortir de la baignoire. Je l'aide et nous parvenons à l'étaler au pied du lit. Claude pousse alors des sortes de râles qui viennent de loin... C'est dingue ce que l'on peut imaginer dans ces cas-là : le temps d'une seconde j'ai pensé qu'il faisait un coup de cinoche pour ne pas aller faire sa télé... tout en me précipitant au téléphone pour appeler son toubib personnel, le Dr Kraviéki.

« Impossible, en plein rendez-vous il ne peut venir.

« Je préviens les pompiers sans préciser qu'il s'agit de Claude. Ils arrivent au bout de dix minutes. L'un d'eux le reconnaît et demande aussitôt du renfort. Claude râlc toujours, il ne reprendra jamais connaissance. Une unité de réanimation du SAMU arrive, lui pose des électrodes sur la tête. Je pense vraiment à cet instant qu'il va reprendre conscience, comme cela arrive dans certains cas d'électrocution. J'emmène Kathaleen dans la cuisine. En pleine crise, elle m'avoue que son frère, qui avait eu le même accident, en avait gardé des séquelles cérébrales. Je tente de la calmer, je lui fais boire un peu d'eau. Au moment où nous retournons vers les sauveteurs, un médecin du SAMU s'approche qui nous dit : "C'est fini." »

Depuis, les circonstances ont été précisément reconstituées. Il y avait à peine cinq centimètres d'eau dans la baignoire, quand, au sortir du bain, Claude a machinalement remis en place une applique en cuivre qui penchait légèrement sur sa fixation.

Les fils, usés par cette manœuvre habituelle, se trouvaient en court-circuit. Kathaleen a réussi à tirer Claude et à l'arracher au cuivre où ses mains étaient restées collées, sans prendre elle-même le courant grâce à ses sabots de bois scandinaves qui l'isolaient du sol.

Au cours de cette dure journée et des deux nuits de veille que j'ai assurées avec ses proches, il nous a fallu nous montrer très vigilants afin d'empêcher qui que ce soit de prendre clandestinement des photos de Claude sur son lit de mort. Certains reporters sans scrupules tentaient en effet de soudoyer les privilégiés qui avaient accès à l'appartement, en leur plaçant un appareil photo miniature dans les mains avec, à la clé, la promesse de cinquante mille francs par cliché ! Les mains de Claude étaient brûlées, mais sa mort accidentelle était trop banale pour contenter tout le monde, il fallait que des malades de sensationnel le poursuivent encore jusque-là !

On se battra enfin, et aussi contre le clergé, pour donner à Claude une sépulture religieuse, les pairs de l'Église jugeant ce drôle de paroissien quelque peu scandaleux. Il fallut leur montrer les icônes russes qui décoraient les murs des chambres pour qu'ils acceptent sa croyance relative. Mes frayeurs à la frontière finlandaise trouvaient ainsi leur justification...

Je reste malgré tout frappé de la grande absence de ses collègues chanteurs à ses obsèques.

Certes les gerbes seront présentes, mais il serait plus facile pour moi de nommer les trois ou quatre stars présentes, plutôt que de longuement énumérer la liste des absents.

Devrais-je mentionner le nom de cette productrice de télévision qui, le lendemain de sa mort, s'inquiétait au téléphone : « Au fait, les boucles d'oreilles que Claude m'avait promises la semaine dernière, c'est toujours valable ? »

## Soixante ans bientôt : bon anniversaire !

« Personne ne peut comprendre ce métier. On ne peut pas savoir. Pendant une heure, sur une scène, tu es Dieu, quelque chose d'impalpable. Nul ne peut imaginer cela s'il ne l'a pas vécu. Et rien ne peut le remplacer : je vis pour ce moment-là. » Claude, tout simplement, ne s'imaginait pas retraité du show-biz. Il ne se voyait pas vieillir, détaillant d'un œil expert les imperceptibles séquelles de ses opérations esthétiques. Mais déjà, les agrandissements photo, les posters, dénonçaient la vie qu'il menait. Sa reconversion naturelle dans la production télé ne l'aurait jamais consolé d'une perte de condition physique, du renoncement inévitable à certaines prouesses scéniques. Sa remise en question était quotidienne, son autocritique permanente. Il faut peut-être percevoir, dans sa volonté d'infiltrer le marché anglais, la plus belle des issues de secours. Et il rêvait des États-Unis comme on rêve un impossible rêve...

Il serait probablement allé voir Prince et consorts à Bercy, quittant le back stage les poings serrés, prêt à réserver la salle pour deux mois. Aurait-il joué la carte de la production actuelle, sûrement ! Les samplings l'auraient fasciné. Il est certain, en revanche, qu'il n'aurait pas supporté de faire un pas de break dance moins enlevé, moins rapide, moins précis que celui d'un Michael Jackson.

En parfait homme de médias, il aurait sans doute su jouer au mieux des dernières technologies pour la création de nouvelles chaînes de télé. Satellite Cloclo... Pour ma part, je n'ose penser au temps que nous aurions passé à réaliser un album, lorsque je vois avec quelle précision nous travaillons aujourd'hui. Il aurait ses propres studios, des artistes en production dont il aurait été moins jaloux. Eh oui... Claude, à cinquante-huit ans... tu vas bien nous faire un petit palais des Congrès. Je le vois bien travailler avec les rappers d'Atlanta pour un nouvel album, ou faire l'ultime duo avec Sinatra avant que celui-ci ne casse sa moumoute, faire vingt notes de service pour organiser quelque chose avec les Spice Girls.

Il est difficile d'imaginer qu'il n'a pas connu le walkman, les chaînes satellites ou câblées, l'arrivée des socialistes, la guerre du Golfe, la chute du Mur et bien d'autres événements...

Serait-il aujourd'hui autrement qu'il ne le fut toujours, inflexible, exigeant avec lui-même comme avec les autres, en un mot professionnel jusqu'au bout des ongles ! « Et si je ne sévissais pas quand il le faut, déclarait-il au *Figaro* le 17 août 1976, ce serait rapidement l'anarchie et le désastre. Au fond, il m'aurait plu d'être militaire – pas pour l'uniforme, mais pour la rigueur et la discipline. »

Pour finir je ne peux pas résister au plaisir de citer le journal *Paroles et musiques* de l'époque, qui défendait paraît-il la « vraie chanson », traduisons par « celle qui ne se vend pas... », en ce mois de mars 88.

Méditons sur l'article de Richard Cannavo qui arrive en tête du bêtisier des détracteurs.

« Que reste-t-il de Claude François, cette ex-star de pacotille morte en laissant une non-œuvre. C'est en effet assez stupéfiant, et même proprement remarquable : stakhanoviste du vinyle, Claude François en vingt ans a sorti des disques par dizaines jusqu'à l'ivresse et il n'en reste rien !

« Recordman toutes catégories ès tubes, ce prince de la ritournelle n'a laissé en nous aucune trace. Il n'en reste rien, comme un grand coup de gomme, le temps a effacé ses refrains sans rime ni raison, ses refrains stupides, et jusqu'à sa voix.... / ... il n'en reste rien... »

Quelques dizaines de millions de disques après, et une Victoire de la musique en 98... on en rigole encore...

Merci Claude !

# *Discographie*

## 1962 (Disques Fontana)

1er 45 tours : *Le Nabout twist ; Ne t'en fais pas mon vieux ; Ali Baba twist ; Clair de lune à Maubeuge* (enregistré sous le nom de Koko. Il existe également une version arabe intitulée *El Nabout*).

2e 45 tours : (sous le nom de Claude François) : *Belles ! Belles ! Belles ! ; Moi je pense encore à toi ; Vénus en blue jeans ; Hey potatoes.*

## 1963 (Disques Philips)

3e 45 tours : *Moi je voudrais bien me marier ; Dis-lui ; Langage d'amour ; Marche tout droit.*

4e 45 tours : *Pauvre petite fille riche ; Si tu veux être heureux ; Des bises de moi pour toi ; Comment fais-tu ?*

5e 45 tours : *Si j'avais un marteau ; En rêvant à Noël ; Ma petite amie est de retour.*

## 1964

6e 45 tours : *Laisse-moi tenir ta main ; Chaque jour c'est la même chose ; Petite mèche de cheveu ; Maman chérie.*

7e 45 tours (été 1964) : *La Ferme du bonheur ; Dis-moi quand ; De ville en ville ; J'y pense et puis j'oublie.*

8e 45 tours : *Je sais ; Les cloches sonnaient ; Donna Donna* (seule chanson de Claude enregistrée en japonais) ; *Du pain et du beurre.*

## 1965

9e 45 tours : *Les Choses de la maison ; Tout ça, c'était hier ; Terry ; Alors salut !*

10e 45 tours : *Sois fier ; Silhouettes ; Je devrais dormir ; Quand un bateau passe.*

11e 45 tours : *Même si tu revenais ! ; Ce monde absurde ; Je t'aime trop toi ; Geordie.*

12e 45 tours (années 1965/1966) : *Le Jouet extraordinaire ; Tout le monde rit d'un clown ; Mais n'essaie pas de me mentir ; Au coin de mes rêves* (chanson du feuilleton télévisé *Cendrillon* avec Christine Delaroche).

## 1966

13e 45 tours : *Mais combien de temps ; C'est moi, c'est moi ; Les Petites Choses ; Je tiens un tigre par la queue.*

14e 45 tours : *Le Temps des pleurs ; J'ai joué et puis j'ai perdu ; Chacun à son tour ; Amoureux du monde entier.*

15e 45 tours : *J'attendrai ; Miss Felicity Gray ; Winchester Cathedral* (il existe une autre version intitulée *Je travaille à l'usine)* ; *Sur le banc 21.*

## 1967

16e 45 tours : *Toute la vie ; Car tout le monde a besoin d'amour ; Qu'est-ce que tu deviens ?* ; *N'est-ce pas étrange* ?

17e 45 tours : *Mais quand le matin ; Hip, Hip, Hip, Hurrah ; Dans une larme ; Il faut être deux.*

## 1968 (début des Disques Flèche)

18e 45 tours (B 370 - 852 F) : *Jacques a dit ; Aussi loin.*

19e 45 tours (424 - 550 - BE) : *Comme d'habitude ; L'homme au traîneau ; La Plus Belle Chose du monde.*

20ᵉ 45 tours (424 - 551 BE) : *Pardon ; Ce soir je vais boire ; Je veux chaque dimanche une fleur ; Ma Fille.*

21ᵉ 45 tours (424 - 552 BE) : *Après tout ; Serre-moi, griffe-moi ; Toi, tu voudrais ; Deborah.*

22ᵉ 45 tours (424 - 553 BE) : *Monsieur le Businessman ; Chante, pleure ; Prends garde, petite fille ; Avec la tête, avec le cœur.*

23ᵉ 45 tours (424 - 554 BE) : *Héloïse ; Reste ; Les Petites Souris.*

24ᵉ 45 tours (424 - 555 BE) : *Héloïse ; Reste ; Le magicien.*

**1969**

25ᵉ 45 tours (424 - 556 BE) : *Rêverie ; Où tu veux quand tu veux ; Roule ; Le temps que j'arrive à Marseille.*

26ᵉ 45 tours (424 - 557 BE) : *Un monde de musique ; Jeu dangereux ; Cherche ; Une petite fille aux yeux rouges.*

27ᵉ 45 tours (424 - 558 BE) : *Tout éclate tout explose ; Petit Jésus ; Tu seras tout à moi ; Il reste toujours.*

28ᵉ 45 tours (années 1969/70) (424 - 559 BE) : *Chaque jour à la même heure ; Douce Candy ; Une petite larme m'a trahi ; Menteur ou cruel.*

29e 45 tours (625 40 25) : *Si douce à mon souvenir ; Parce que je t'aime, mon enfant ; Fleur sauvage ; Olivier.*

## 1970

30e 45 tours (62 54 026) : *Diggy Liggy Lai Diggy Liggy La ; Des roses de Noël ; C'est Noël, j'aurai tout ça ; L'Anneau dans la rivière.*

31e 45 tours (suite du Disque des enfants) (62 54 027) : *Le Dragon magique ; Quand rien ne va plus ; Boum Boum ; Le Petit Canard.*

32e 45 tours (60 61 150) : *C'est de l'eau, c'est du vent ; Aida.*

## 1971

33e 45 tours (60 61 151) : *Le monde est grand, les gens sont beaux ; C'est un départ.*

34e 45 tours (60 61 175) : *C'est la même chanson ; Je te demande pardon.*

35e 45 tours (60 61 182) : *Il fait beau, il fait bon ; Un jardin dans mon cœur.*

36e 45 tours (60 61 154) : *Un peu d'amour, beaucoup de haine ; Stop au nom de l'amour.*

## 1972

37e 45 tours (60 61 158) : *Viens à la maison ; En attendant.*

38e 45 tours (60 61 163) : *Quand l'épicier ouvre sa boutique ; Feu de paille.*

39e 45 tours (60 61 165) : *Le lundi au soleil ; Belinda.*

40e 45 tours (60 61 168) : *Celui qui reste ; Une fille et des fleurs.*

41e 45 tours (60 61 170) : *Je viens dîner ce soir ; Je t'embrasse.*

## 1973

42e 45 tours (60 61 174) : *À part ça la vie est belle ; Sur ton visage un sourire.*

43e 45 tours (60 61 188) : *Chanson populaire ; J'ai perdu ma chance.*

44e 45 tours (60 61 190) : *Cha la la ; Immortelles sont les filles.*

## 1974

45e 45 tours (60 61 196) : *Le Mal-Aimé ; La Musique américaine.*

46e 45 tours (60 61 198) : *Le téléphone pleure ; Quand la pluie finira de tomber.*

**1975**

47e 45 tours (60 61 852) : *Toi et moi contre le monde entier ; Soudain il ne reste qu'une chanson.*

48e 45 tours (60 61 856) : *Le Chanteur malheureux ; Il ne me reste qu'à partir.*

49e 45 tours (60 61 857) : *Le Chanteur malheureux* (2e édition) ; *Joue quelque chose de simple.*

50e 45 tours (60 61 862) : *Où s'en aller ; Le spectacle est terminé.*

**1976**

51e 45 tours (60 61 865) : *Pourquoi pleurer ; Doucement sur la route.*

52e 45 tours (60 61 867) : *17 ans ; Une chanson française.*

53e 45 tours (60 61 870), extraits du 30 centimètres « pour les jeunes de 8 à 88 ans » : *Sale Bonhomme ; Dors, petit homme.*

54e 45 tours (60 61 872) : *La solitude c'est après ; Cette année-là.*

55e 45 tours (60 61 876) : *Le Vagabond ; Danse ma vie.*

## 1977

56e 45 tours (60 61 878) : *Quelquefois* (duo avec Martine Clémenceau) ; *Laisse une chance à notre amour.*

57e 45 tours (49 276) : *Je vais à Rio ; Les anges, les roses et la pluie.*

58e 45 tours (49 295) : *C'est comme ça que l'on s'est aimé* (duo avec Kathaleen).

59e 45 tours (49 308) : *Moi et le soleil ; Drame entre deux amours.*

## 1978

60e 45 tours (49 329) : *Magnolias for ever ; Et je t'aime tellement.*

61e 45 tours (49 352) : *Alexandrie, Alexandra ; Ève.*

62e 45 tours (49 395) : *Écoute ma chanson ; Disco météo.*

63e 45 tours (49 438) : *Rubis ; L'amour vient, l'amour va.*

## Après la disparition de Claude

Extraits du 33 tours anglais

Pathé Marconi N° 2C 005 60 010 : *So near and yet so far go, where the sun is brighter.*

Pathé Marconi N° 2C 006 991 79 : *Love will call the sky way ; Bordeaux rosé ; Crying in his heart.*

Pathé Marconi N° 2C 008 61 234 : *I'm leaving for the last time ; Don't play that song again.*

Pathé Marconi N° 2C 008 477 : *I believe in father Christmas* (chanson interprétée à Leysin – Suisse) ; *Tears, on the telephone.*

# CLAUDE FRANÇOIS, LES REPRISES. LE DOSSIER

La présentation de ce dossier sur les chansons de Claude François issues de l'adaptation d'un titre étranger – en correspondance avec leur version française – montre la variété, la richesse des différents courants musicaux anglo-saxons qui ont alimenté le répertoire de cet artiste.

Dès le début, sur le premier 45 tours connu où figure *Belles, belles, belles*, une oreille habituée, professionnelle, en aura entendu les harmoniques, la couleur, en l'occurrence ici américaines. Cette oreille aura donc supputé l'adaptation. Pour ce titre, par exemple, c'est depuis peu que le grand public sait, et encore de façon parcellaire, qu'à l'origine, il venait du *Made To Love* des Everly Brothers, grand duo country/rock américain bien avant l'arrivée de Simon and Garfunkel. Il en est de même pour des dizaines et des dizaines d'autres, sauf peut-être des évidences comme deux titres des Beatles (*From Me To You* en *Des bises de moi pour toi*, puis *I Want To Hold Your Hand* qui est devenu *Laisse-moi tenir ta main*) ; *Si j'avais un marteau* en provenance de Bob Seeger, mais connu par Trini Lopez venu le chanter à l'époque à l'Olympia, à savoir *If I Had a Hammer* ; *I Got You Babe* de Sonny and Cher en 1965 devenu *Je t'aime trop toi* ; *J'attendrai* en 1966 issu de *Reach Out I'll Be There* des Four Tops ; *Rêverie*, *Daydream* des Wallace Collection en 1968 ; sans oublier *Héloïse* de Barry Ryan à la même époque, *It's The Same Old Song* des Four Tops (*C'est la même chanson*) en 1971 ; enfin, en 1977, *Je vais à Rio* du *I Go To Rio* de Peter Allen. Toutes ces chansons étaient identifiées en tant que reprises du fait que leurs versions originales respectives furent abondamment diffusées chez nous. Mais en dehors d'elles, excepté l'oreille avertie, professionnelle, toutes les autres adaptations restent des versions originales méconnues, même lorsqu'en version française elles devinrent des tubes.

Grandir dans les rues d'Ismaïlia en Égypte, y taper sur des peaux tendues, étudier le violon au conservatoire, fait quasiment de vous un musicien accompli. Ce fut le cas de Claude François. Très tôt habité par l'harmonie, le rythme – et le rythme c'est la base de tout –, il débarquera en France avec une solide formation et des références musicales allant de Nat King Cole à Frank Sinatra (pour ne citer que celles-ci). Il abordera le monde du disque avec une habituelle fréquentation vocale, physiologique, intellectuelle et émotionnelle des répertoires anglo-saxons. Il y a mordu, il en a pris, en quinze années de carrière, du mieux possible, le meilleur. Tout son travail, bien connu d'exigence et de perfection, ne pouvait que tendre – pour ce qui concerne les adaptations – aux sources de la grande variété américaine aux connotations country, les groupes anglais mid-sixties (british beat à la Hollies, Move et autre Amen Corner via American Breed, Applejacks, Seachers via Jackie de Shannon, Fourmost, Herman's Hermits, etc.), du rythm and blues et de la soul, du funk à savoir Stevie Wonder, Joe Tex, les Four Tops, les Supremes, Marvin Gaye, Mary Wells, Kim Weston, Hot Chocolate, Spinners, le folksong avec Barry McGuire et Tom Paxton, la country avec Jerry Reed, Dave Dudley, Hank Snow, Burl Ives, Dolly Parton, Carole King, Tammy Wynette, Don Williams, Charlie Rich, puis le reggae avec Jimmy Cliff et Bob Marley.

Le mystère de la longévité, de l'onde de choc de

l'Artiste depuis octobre 1962 jusqu'à nos jours, réside peut-être – en plus de très grands originaux français et d'une personnalité hors du commun – dans le fait que Claude François a édifié, synthétisé sur sa seule personne/personnalité/idole/mythe, un répertoire hétérogène aux multiples provenances.

Ce répertoire était et reste toujours à toute épreuve. En effet, il n'est pas rare d'entendre des artistes étrangers effectuer de nouvelles reprises d'originaux choisis à l'époque par Claude François. Quelques exemples illustrent bien, si besoin était, que l'Artiste et son équipe de choc avaient le nez fin. On ne prenait pas pour rien – alors qu'on en avait une peur bleue ! – l'avion pour aller chercher des chansons, fouiner les disquaires, regarder les variétés d'outre-Manche et d'outre-Atlantique. On ne s'installait pas pour des prunes des radios et des antennes (spéciales à l'époque, au moins de 1962 à 1973) pour capter jour et nuit tout ce qui se faisait de mieux dans le monde (comprendre ici l'Amérique et l'Angleterre), afin de bloquer les droits avant la concurrence (entendons principalement Hallyday-Anthony). Ainsi dans les années 80, on put entendre Kim Wilde reprendre le *You Keep Me Hanging On* des Supremes, *Mais c'est différent déjà* en 1972 par l'idole, mais doublée par Sylvie Vartan en 1967 sous le titre *Je n'ai pas pu résister*, *I Can't Help Myself* des Four Tops repris bien plus tard par Dolly Parton *L'Amour c'est comme ça* en 1973, encore, décidément, et ça n'est pas fini, doublé en 1966 par Sylvie (son seul sérieux et unique rival le faisait-il marquer ou quoi ?) en un très bon *Garde-moi dans ta poche* ; on continuera encore avec le classique *It's The Same Old Song* des Four Tops repris par Johnny Rivers *C'est la même chanson*, par qui vous savez en 1971, mais déjà doublé en 1967 par... Sylvie Vartan ! en un excellent *Moi je danse*. Phil Collins revisitera aussi, dans ces années 80, les indétrônables standards de la Tamla Motown avec *You Can't Hurry Love* des stars de la Maison de Detroit, *Une fille et des fleurs* en 1973 par Claude François déjà susurré par le groupe malgache les Surfs au début des sixties en un *C'est grâce à toi oui*. Après avoir fait remarqué que Jimmy Cliff popularisa récemment le *I Can See Clearly Now*, qui inspira l'Artiste au temps de sa version originale par son auteur-compositeur et interprète Johnny Nash en un *Toi et le soleil* en 1977 ; que la chanteuse Hip Hop M.J. Blige fit renaître en 1997 le *You're Everything* de Diana Ross et Marvin Gaye, que Claude François s'était offert en 1974 avec *Tu es tout pour moi* ; UB40 et Matt Bianco qui redonnèrent une vigueur nouvelle à, respectivement, *I Got You Babe* de Sonny and Cher en 1965 (*Je t'aime trop toi*). La même année *Yeh Yeh* de Georgie Fame (*Alors salut*) ; *When You Walk in the Room* (*Les Cloches sonnaient*) en 1965, repris au moins trois fois : The Child dans les seventies, Paul Carrack en 1987, Pam Tillis dans les années 90 ; revisité récemment, *Games People Play* (*Jeux dangereux* en 1969) ; *Wild World* de Cat Stevens (*Fleur sauvage* en 1970) revu par Mr. Big en 1994 ; et *Mockin'Bird Hill* (*La Ferme du bonheur*, 1964) réenregistré il y a quatre ans. Autre phénomène, on sera surpris de compter les reprises françaises communes, avec le même texte/titre ou non, avec des artistes comme Dick Rivers, Dario Moreno, Les Compagnons de la Chanson, Johnny Hallyday, Nana Mouskouri, Michel Delpech, Richard Anthony, Frank Alamo, Sylvie Vartan, Lucky Blondo, Danny Boy, Dany Logan, Michèle Torr, Eddy Mitchell, Nancy Holloway, Les Champions, Frankie Jordan et bien d'autres moins connus. Il devient de ce fait difficile de dire, d'affirmer du haut dont ne sait quelle omniscience émanant de nos meilleures instances musicales, intellectuelles, et de notre brillante intelligentsia parisienne que Claude François faisait n'importe quoi, que c'était nul, de la non-œuvre dont il ne reste rien. Dans cette perspective, on devinera, ici, la reptation d'une pensée unique qui, dans sa démarche, dépassait le strict cadre de la chanson et cloua l'Idole au pilori. En effet, elle allait bien au-delà : il fallait chanter/penser bien comme il faut. En clair, Claude François c'était du politiquement très incorrect. Tout ce qu'il représentait et véhiculait était mis à l'index.

La connaissance, la diffusion de chansons « crédibles » par leur qualité, passa sous le nez, aux oreilles légitimement exigeantes d'un vaste public. De grandes reprises comme *Ce monde absurde* (*Eve of Destruction*) de Barry McGuire qui traite de l'épée de Damoclès que fut la Guerre Froide, *M. Businessman* une critique en règle de la vie agitée et superficielle d'un homme d'affaires, *Reggae Tune* (*Où s'en aller*) sur le dégoût, les désillusions du monde moderne (où fuir, comme l'écrivait Flaubert), sont passées inaperçues. Il en fut de même pour *Flowers in the Rain* (*Le Martien*) qui sous un texte apparemment désuet pose, l'air de rien, la question de notre place dans l'univers, thème que rejoindra plus tard le méconnu *On est qui on est quoi* (*Who Do You Think You Are*) qui fait écho à cette question ; *Les Petites Souris* (The Little Green Apples), ironie sur les détails de la vie quotidienne. Dans une moindre mesure, *Donna, Donna*, un traditionnel yiddish sur la nostalgie de l'enfance. Également, de très grands originaux français comme *Pour un peu de bonheur*, un très bon texte sur la vie de tous les jours et ses petites joies espérées ; *Olivier*, une des plus belles chansons jamais écrites sur le thème de l'adoption. Toutes ces œuvres cachées au fond des 33 tours restent encore inconnues au commun des mortels et on peut dès lors se demander pourquoi elles ne sont jamais diffusées alors que l'on entendra mille fois les mêmes issues de la mode, du décor, des paillettes.

Toutefois, malgré les quolibets, certains révisent aujourd'hui leurs positions intello-partisanes. On commence à entrevoir qu'il y a dans ce vaste répertoire quelque chose d'intéressant, qui bouillonne encore.

C'est toujours quand les gens ont disparu, et pour notre artiste il aura fallu du temps, que tout un ensemble extrêmement critique effectue une nouvelle approche d'une œuvre, car il s'agit bien ici d'une œuvre. Récemment Hugues Aufray déclarait avec raison que les chanteurs des années 60 qui enregistraient ce que l'on appelait des covers, c'est-à-dire des adaptations, avaient fait un bon travail, soigné. Il s'avère, ajouta-t-il, que ce procédé permit de mieux faire connaître – en dehors de pointures comme Elvis Presley, les Beatles et les Rolling Stones – beaucoup d'artistes. Lui-même popularisa Bob Dylan sur des textes de Pierre Delanoë et reprit bien d'autres chanteurs, comme par exemple Roger Miller. On ne peut que mettre au crédit de ces interprètes des années 60, et même 70, ce procédé des adaptations. En effet, si certaines ne furent que de pâles copies, la majorité constitua une véritable recréation.

Le nombre de reprises par des artistes connus et inconnus d'artistes étrangers célèbres ou non est inimaginable et se compte par milliers. Les noms les plus inattendus en ont effectuées. Qu'on en juge : Marcel Amont, Annie Cordy, Henri Salvador, Colette Déréal, Les Compagnons de la Chanson, Michel Fugain, Claude Nougaro, Jacqueline François, Michel Delpech, Nana Mouskouri, Dario Moreno, Michèle Arnaud, Rika Zaraï,

Françoise Hardy, Alain Chamfort, Marie Laforêt, Nicoletta, Line Renaud, pour ne citer que ceux non identifiés comme faisant partie du monde des yé-yé et des rockers.

On peut s'étonner dès lors de la vindicte des milieux cités plus haut à l'endroit de Claude François. Au regard des exemples donnés, le haro sur l'Artiste reste incompréhensible. Que s'est-il donc passé ?

Il se trouve que Claude François n'a pas trouvé le public qu'il voulait réellement. Habité par le rythme, la soul music et le rythm and blues – il n'a jamais été aussi bon sur scène que lorsqu'il interprétait ses reprises des Four Tops/Supremes, Joe Tex, Amen Corner et en cela n'avait rien à envier à Johnny Hallyday en tant que « bête de scène » –, il enregistra, de 1962 à 1969, un répertoire digne de figurer dans le monde de la rock/pop music. Cependant, il ne put parvenir à convaincre un public qui s'alimentait auprès des groupes anglo-américains, un Otis Redding, un Bob Dylan et, pour appréhender plus large, de Bill Haley à Lou Reed. Pourtant, ses « collègues français » – en dehors de Frank Alamo, malgré son *Chef de la bande* (*Leader of the Pack* des Shangri Las), et Sheila, en dépit d'un excellent *Le Rêve* (*Daydream* des Loving Spoonfull) et de sa remarquable cover de *Universal Soldier* de l'Indienne creek Buffy Sainte-Marie – ne subirent pas la fin de non-recevoir qui accabla l'Idole.

Ainsi donc, acheter les disques d'un Hallyday, d'un Richard Anthony, Eddy Mitchell ou Dick Rivers, puis par la suite ceux d'un Polnareff, d'un Dutronc ou d'un Antoine, ou simplement en parler, était pour ce vaste public tout à fait acceptable et même apprécié. En revanche, le simple fait de faire allusion à Claude François relevait de la provocation. Pourtant, ce dernier n'était pas loin d'atteindre son but. Alors qu'il tapait dans les mêmes courants musicaux (à peu de chose près) que le trio Johnny/Dick/Eddy – Richard Anthony, sauvé par son démarrage fulgurant en 1959 avec ses bonnes covers de Buddy Holly, des productions spectoriennes, Wayne Fontana, Rolling Stones et de tant d'autres sources remarquables ; les nouveaux venus comme Ronnie Bird, Thierry Vincent, Noël Deschamps et Éric Saint-Laurent (grands moments de British Beat avec des covers des Hollies, des Beatles, des Zombies, des Kinks, des Animals, des Small Faces, des Who et autres Nashville Teens) – Claude François ne parvint pas à convaincre. Il décida donc, dès 1970-1971, de prendre un virage à 190 degrés qui l'envoya dans le décor des paillettes. À partir de là, à partir de *Il fait beau, il fait bon*, *Viens à la maison*, *Le Lundi au soleil*, *Je viens dîner ce soir* et *Chanson populaire* – titres pré-disco, avec le tom de batterie après le quatrième temps, qui annoncent l'album disco des Magnolias –, l'intelligentsia, durant ces années 70, enfoncera le clou sur le « petit-blond-pantin-bondissant ». En revanche, Claude François retrouva le public qui l'avait délaissé entre 1968 et 1970. C'est dommage, car toute cette période cache, au fond de chaque album, de très bonnes reprises de country music tel le *Gentle on my Mind* (*Si douce à mon souvenir*) que repris Lucky Blondo sur son album hommage à Elvis Presley en un *Va savoir pourquoi*. S'ajoutent à la liste des titres de Jerry Reed, Hank Snow, Don Williams, Larry Gatlin, Mary McGregor, Billy Joe Spears, Charlie Rich. On trouvera aussi un fantastique *Hey Ho c'est impossible* (*Going To The Country* de Steve Miller Band), de nouvelles créations de la Tamla, de Graham Nash, de Cher, le funky *I'll Be Around* des Spinners et pour finir, sur le vingt-huitième et dernier album, le *Telephone Line* d'Electric Light Orchestra (*Sacrée Chanson*) aux suites d'accords et à la mélodie typiquement 1962-1963.

Pour conclure, on pourra regretter que Claude François ait été plus classé dans le monde de la variété/variétoche que dans celui de la rock/pop-music. Ne pas s'être rendu compte de cette fameuse multitude des courants musicaux qui fait de son répertoire un répertoire hors pair est injuste. Ignoré, il sera finalement « viré », interdit de séjour dans le monde du rock, principalement à cause de son mode de vie, de ses goûts vestimentaires et de sa démarche sociale. À ce titre, il n'est pas exagéré de dire qu'un vaste public est passé complètement à côté d'un artiste complet. En pensant à lui, Johnny Hallyday enregistra *Le Chanteur abandonné*. Est-ce un hasard ?

Le lecteur trouvera ci-dessous, pour la première fois révélées, toutes les adaptations effectuées par Claude François.

La présentation des versions originales et des versions françaises se lira comme suit :

Colonne de gauche : les versions originales, avec en caractères gras le titre suivi entre parenthèses du genre musical. Juste en dessous, les auteurs et compositeurs en italique. En dessous, l'interprète original suivi, le cas échéant, d'autres interprètes qui ont effectué une reprise dans la même langue.

Colonne de droite : les versions françaises sur les mêmes principes, avec en plus l'année d'enregistrement par Claude François par ordre de parution des 45 tours. Lorsqu'un titre ne figure que sur un 33 tours, il est signalé comme tel. Suivaient, le cas échéant, les autres interprètes français avec le même titre et le même texte ou avec un titre et un texte différents.

| VERSION ORIGINALE | VERSION FRANÇAISE |
| --- | --- |
| **A Little Bit of Soap (Variété/Rock américain).**<br>*Bobby Russell.*<br>The Jarmels. The Exciters. Bobby Lee Trammell. Showaddywaddy. Narvels Felts. Garnet Mimms. Paul Davis. Nigel Olsson. Johnny Kid and The Pirates. Bobby Russell. | **Ne t'en fais pas mon vieux.**<br>*André Salvet & Richard Anthony.*<br>1962. Claude François (sous le pseudonyme Kôkô). 1er 45 tours sous le nom de Kôkô, mars 1962. Également enregistré par Richard Anthony sous le même titre. |
| **Breaking up is Hard to do (Variété/Rock américain).**<br>*Neil Sedaka & O. Greenfield.*<br>Neil Sedaka. Puis par Partridge Family. S.J. Cassidy. The Carpenters. Shanana. Little Eva. Jack Jones. Shelley Fabares. | **Moi je pense encore à toi.**<br>*Georges Aber & André Salvet.*<br>1962. Claude François. 2e 45 tours, octobre 1962. Également enregistré, à la même époque, chez RCA, par Sylvie Vartan, même texte, même titre, et par Gleen Jack. |
| **Mashed Potatoes.**<br>*Billy Nash.* | **Hey Potatoes.**<br>*Claude François.*<br>1962. Claude François. 2e 45 tours, octobre 1962. |
| **Venus in Blue Jeans (Variété/Rock anglais).**<br>*O. Greenfield & Neil Sedaka.*<br>Cliff Richard. Puis Mark Winter. | **Vénus en blue-jeans.**<br>*Claude Carrère & Georges Aber.*<br>1962. Claude François. 2e 45 tours, octobre 1962. Également enregistré, sous le même titre avec des paroles |

modifiées, par Keller, à la même époque par les Champions.

**Made to Love (Girls, girls, girls) (Variété/Rock américain).**
*Phil Everly.*
The Everly Brothers. Puis par Eddie Hodges. The Rubettes (années 80). On remarquera que la version de Claude François est inspirée de celle de Eddie Hodges et non de celle des créateurs, les Everly Brothers.

**Belles, belles, belles.**
*Claude François & Vline Buggy.*
1962. Claude François. 2e 45 tours, octobre 1962. Également enregistré par Raymond Falgayrac. Didier Boland puis par le duo Partenaire Particulier dans les années 80 (au secours !).

**Bachelor Boy (Variété/Rock anglais).**
*R. Welch.*
Cliff Richard.

**Moi je voudrais bien me marier.**
*Claude François & Georges Aber.*
1963. Claude François. 3e 45 tours, février 1963.

**Tell him (Pop/Rock américain).**
*Bobby Russell.*
The Exciters. Billie Davis. Hello. Sonny and Cher. Linda Ronstadt.

**Dis-lui.**
*André Salvet & Claude Carrère.*
1963. Claude François. 3e 45 tours, février 1963. Également enregistré par Dany Logan, sous le même titre avec les mêmes paroles, à la même époque, chez Bel Air ; et aussi par Cécile Devile.

**Language of Love (Variété/Rock anglais).**
*John D. Loudermik.*
The Intrigues. Cliff Richard.

**Langage d'amour (Ou-bi-dou-bi-dou).**
*Claude François & Vline Buggy.*
1963. Claude François. 3e 45 tours, février 1963. Enregistré également par Pierrette Bruno chez Pathé, à la même époque, sous le titre *T'oublies tout* avec des paroles de Vline Buggy seule.

**Walk Right in (Country/Jazz américain).**
*Gus Cannon & Hosea Woods.*
Gus Cannon and the Memphis Jug Band (fin des années 20). The Rooftops Singers (la version qui a inspiré la reprise). Trini Lopez. Glen Campbell. Pat Boone. Wanda Jackson.

**Marche tout droit.**
*Claude François & Vline Buggy.*
1963. Claude François. 3e 45 tours, février 1963. Enregistré également par Frankie Jordan avec le même texte à la même époque ; puis aussi par les Cousins. *Au bonheur des dames* (à l'Olympia).

**If You Wanna Be Happy (Soul/Rock américain).**
*Frank Guida & Joseph Royster.*
Jimmy Soul. Puis Trini Lopez. Rocky Sharp and the Replays. Bill Wyman. Oui, il s'agit bien ici du bassiste des Rolling Stones, qui enregistre en 1976.

**Si tu veux être heureux.**
*Claude François & Vline Buggy.*
1963. Claude François. 4e 45 tours, juillet 1963. Également enregistré, à la même époque, par la chanteuse Chantal, même titre, même texte.

**From me to you (Pop anglaise).**
*John Lennon & Paul McCartney.*
The Beatles. Puis Del Shannon. The Crickets. The Chipmunks. Louise Cordet. Bobby McFerrin.

**Des Bises de moi pour toi.**
*Claude François & Vline Buggy.*
1963. Claude François. 4e 45 tours, juillet 1963. Également enregistré par Dennis Twist.

**How do you do it (Pop anglaise).**
*Mitch Murray.*
Gerry and the Peacemakers. Puis The Supremes. The Beatles (Anthology I).

**Comment fais-tu ?**
*Claude François & Vline Buggy.*
1963. Claude François. 4e 45 tours, juillet 1963. Également enregistré par Nicole Delarc, à la même époque, même titre et texte, puis par Dick Rivers, sous le titre *L'effet que tu me fais*, chez Pathé avec des paroles différentes de J.-M. Crétois.

**If I Had A Hammer (Country américaine).**
*Lee Hays & Bob Seeger.*
Bob Seeger. Puis Peter Paul and Mary. Trini Lopez. Sam Cooke. Bobby Darin. Martha Reeves and the Vandellas. The Brothers Four. Wanda Jackson. Eddie Floyd. Frank Alamo (en anglais).

**Si j'avais un marteau.**
*Claude François & Vline Buggy.*
1963. Claude François. 5e 45 tours, octobre 1963. Également enregistré, à la même époque avec les mêmes paroles, par les Surfs, les Champions, Kris Kersen.

**I Want To Stay Here (Variété/Country américaine).**

**Je veux rester seul avec toi.**
*Claude François.*

*Gerry Goffin & Carole King.*
Steve Lawrence and Eddie Gorme.

1963. Claude François. 5e 45 tours, octobre 1963.

**My Boyfriend's Back (Rock/Pop américain).**
*R. Feldman & R. Gottehrer & G. Goldstein.*
The Angels. The Chiffons. Martha Reeves and the Vandellas. Sylvie Vartan (en anglais). Melissa Manchester. Bob Comstock (*Your Boyfriend's back*).

**Ma petite amie est de retour.**
*Claude François & Vline Buggy.*
1963. Claude François. 5e 45 tours, octobre 1963.

**In Summer (Variété anglaise).**
*V. & E. Murtagh & R. Adams.*
Billy Fury.

**En rêvant à Noël.**
*Claude François & Vline Buggy.*
1963. Claude François. 5e 45 tours, octobre 1963. Également enregistré à la même époque par Cathie Arel.

**Everyday I have To Cry Some (Soul américaine).**
*Arthur Alexander.*
Arthur Alexander. Puis par The McCoys. Bobby Vee. Ike and Tina Turner. Steve Alaimo. Scott, Bon and the Valentins.

**Chaque jour c'est la même chose.**
*Claude François.*
1964. Claude François. 6e 45 tours, mars 1964. Également enregistré à la même époque par Marianne Mille, chez RCA Victor, sous le titre *Oublie de pleurer* avec un texte différent de Michèle Vendôme ; enfin, en 1979, Eddy Michell sur des paroles de Claude

Moine (alias Eddy Mitchell), et de Boris Bergman, enregistre cette chanson sous le titre de *Tu peux préparer le café noir*.

**I Want To Hold Your Hand (Pop anglaise).**
*John Lennon & Paul McCartney.*
The Beatles. The Crickets. The Dollar. Freddie Cannon. Pat Boone. The Supremes. Petula Clark. The Swalows.

**Laisse-moi tenir ta main.**
*Claude François.*
1964. Claude François. 6e 45 tours, mars 1964. Également enregistré à la même époque par Frank Alamo, chez Barclay, avec un texte et un titre différents de Ralph Bernet *Je veux prendre ta main*. Puis aussi par Nancy Holloway et Frank Nicolas.

**24 Hours from Tulsa (Variété/Country américaine).**
*Hall David & Burt Bacharach.*
Gene Pitney. Dusty Springfield. Ian and Sylvia. Jays and The Americans. Burt Bacharach.

**Maman chérie.**
*Claude François.*
1964. Claude François. 6e 45 tours, mars 1964. Également sur ce 45 tours, figure un air issu du folklore, composé par Kenneth Chambers, « recomposé » et écrit par Claude François et V. Pallaviccini *Petite Mèche de cheveux* » (enregistré aussi par la chanteuse Lili). Il semblerait que le groupe anglais le Dave Clark Five avec son hit *Glad all over* se soit d'ailleurs inspiré de cet air. (Source Willy Londner.)

**It Comes and Goes (Country américaine).**
*Bill Anderson.*
Burl Ives. (Source R.e.d. Tracks Catalogue.) Cadillac Brothers Band. Johnny Cash. (Source Sacem.)

**J'y pense et puis j'oublie.**
*Claude François & Vline Buggy.*
1964. Claude François. 7e 45 tours, juillet 1964.

**Tell me When (Pop anglaise).**
*Goeff Stephens & Les Reed.*
The Applejacks. Freddie and the Dreamers. The Cousins.

**Dis-moi quand.**
*Claude François.*
1964. Claude François. 7e 45 tours, juillet 1964.

**Mockin'Bird Hill (Country américaine).**
*Vangh Horton.*
Burl Ives. Patti Pages. Jean Shepard. Les Paul with Mary Ford. Phil Kelsall. George Jones and Gene Pitney. Hank Snow and Anita Carter. Terry Edwards. Ronnie Ronalde. Joe Hamilton. Tony Goodacre. Sidney Devine. The Migil Five. Manifestement, Claude François s'est inspiré de la reprise anglaise de 1965 des anglais Migil Five et non de l'original américain des années 50 qui, lui, sonne très country traditionnelle années 50 ; d'ailleurs, la ligne mélodique est, entre les versions country américaines et les reprises ultérieures – américaines et anglaises – très dif-

**La Ferme du bonheur.**
*René Rouzeaud & Vline Buggy.*
1964. Claude François. 7e 45 tours, juillet 1964. Également enregistré, à la même époque, avec le même titre et le même texte par Dany Claude. France Lys.

férente pour ne pas dire méconnaissable. On ne saura jamais si Claude François et son équipe connaissaient les versions « originales » antérieures.

**A Little loving (Pop anglaise).**
*Russ Alquist.*
The Fourmost.

**De ville en ville.**
*Claude François.*
1964. Claude François. 7e 45 tours, juillet 1964.

**When you Walk in the Room (Pop anglaise).**
*Jackie de Shannon.*
Jackie de Shannon. The Seachers. Del Shannon. The Child. Paul Carrack (1987). Pam Tillis (années 1990) (la fille de Mel Tillis ?).

**Les Cloches sonnaient.**
*Claude François.*
1964. Claude François. 8e 45 tours, octobre 1964.

**Donna Donna (Folklore Yiddish).**
*Aaron Zeitlin & Sheldon Secunda & Sholom Secunda.*
The Everly Brothers. Chad and Jeremy. Donovan. Joan Baez. The Chad Mitchell Trio.

**Donna Donna.**
*Claude François.*
1964. Claude François. 8e 45 tours, octobre 1964.

**Bread and Butter (Pop américaine).**
*L. Parks & J. Tumbow.*
The Newbeats. Puis par The Nutty Squirrels. (Enregis-

**Du pain et du beurre.**
*Claude François.*
1964. Claude François. 8e 45 tours, octobre 1964. Également enregistré à la même

trement en accéléré pour ces derniers.)

époque par Chouchou (en accéléré comme la reprise du Nutty Squirrels), la mascotte de *Salut les copains*. C'est en décembre de cette même année que Claude François, lors de son passage à l'Olympia, interprétera le *La la la* de Little Stevie Wonder, repris par The Blendells et The Persuasions. Pour la France, la chanteuse Jocelyne en effectuera également une reprise. Ce titre est gravé sur le 33 tours Philips 77 818 « Claude François à l'Olympia ».

**Terry (Pop anglaise).**
*Twinkle.*
Twinkle.

**Terry.**
*Claude François & Vline Buggy.*
1965. Claude François. 9e 45 tours, mars 1965.

**The Things in this House (Variété/Country américaine).**
*Bobby Darin.*
Bobby Darin.

**Les Choses de la maison.**
*Claude François & Vline Buggy.*
1965. Claude François. 9e 45 tours, mars 1965.

**Spare a Thought for Me (Variété anglaise).**
*Les Reed & Barry Mason.*
Stockbrocker. Saw Dust and Wylie Pete. (Source R.e.d. Tracks Catalogue.)

**Tout ça c'était hier.**
*Claude François & Vline Buggy.*
1965. Claude François. 9e 45 tours, mars 1965.

**Yeh Yeh (Pop-Jazzy anglais).**
*Patrick Hendricks & Grant.*
Georgie Fame. Puis Matt Bianco en 1985.

**Alors salut.**
*Claude François & Vline Buggy.*
1965. Claude François. 9e 45 tours, mars 1965.

**Trains and Boats and Planes (Variété américaine).**
*Hall David & Burt Bacharach.*
Billy J. Kramer and the Dakota. Annita Harris. The Everly Brothers. Connie Francis. Dionne Warwick. Burt Bacharach.

**Quand un bateau passe.**
*Claude François & Vline Buggy.*
1965. Claude François. 10e 45 tours, juin 1965.

**Teardrops Fall like Rain (Pop/Rock américain).**
*Jerry Allison & Glenn D. Hardin & Leslie Thomas.*
The Crickets (musiciens de Buddy Holly). Bobby Vee.

**Je devrais dormir.**
*Claude François & Vline Buggy.*
1965. Claude François. 10e 45 tours, juin 1965. Également enregistré, à la même époque, par Danny Boy sous le titre *Fin de vacances*, sur des paroles de Claude Piron (alias Danny Boy).

**Walk Tall (Country irlandaise).**
*Don Wayne.*
Val Doonican.

**Sois fier.**
*Claude François & Vline Buggy.*
1965. Claude François. 10e 45 tours, juin 1965.

**Silhouettes (Variété anglo-américaine).**
*F. Slay Jr. & Bob Crewe.*

**Silhouettes.**
*René Rouzeaud & Vline Buggy.*

The Rays. Puis par The Diamonds. The Herman's Hermits. The Four Tops. Frankie Lymon and the Teenagers. Sha na na. Claude François s'étant inspiré de la version de Peter Noone (Herman's Hermits).

1965. Claude François. 10e 45 tours, juin 1965.

**Eve of Destruction (Country/Folksong américain).**
*P.F. Sloan.*
Barry McGuire. Puis par The Turtles. Jan and Dean. Hot Tuna (années 1990).

**Ce Monde absurde.**
*Claude François & Vline Buggy.*
1965. Claude François. 11e 45 tours, octobre 1965.

**I Got You Babe (Pop américaine).**
*Sonny Bono.*
Sonny and Cher. Puis UB 40 en 1985.

**Je t'aime trop toi.**
*Claude François & Vline Buggy.*
1965. Claude François. 11e 45 tours, octobre 1965. Sur ce disque, on notera le titre *Geordie*, air du folklore recueilli par Claude François, et *Même si tu revenais* de Bernard Kesslair et Jacques Chaumelle, un original français donc, mais repris, à la même époque, par la chanteuse Dominique, même texte, même titre, chez Pathé Marconi/Trianon.

**Make it Easy on Yourself (Variété/Pop américaine).**
*Hall David & Burt Bacharach.*

**Mais n'essaie pas de me mentir.**
*Claude François & Vline Buggy.*

Jerry Butler. The Walkers Brothers. The Vogues. Dionne Warwick. Little Anthony and The Imperials. Connie Francis.

1966. Claude François. 12e 45 tours, janvier 1966.

**The Marvelous Toy (Country américaine).**
*Tom Paxton.*
Tom Paxton.

**Le Jouet extraordinaire.**
*Claude François & Vline Buggy.*
1966. Claude François. 12e 45 tours, janvier 1966.

**Everybody Loves a Clown (Pop américaine).**
*Gary Lewis & T. Lesslie & L. Russell.*
Gary Lewis and the Play Boys. Puis par Del Shannon.

**Tout le monde rit d'un clown.**
*Claude François & Vline Buggy.*
1966. Claude François. 12e 45 tours, janvier 1966.

**Ring, ring, I've got to sing (Folksong anglo-saxon-belge).**
*Ferré Grignard.*
Ferré Grignard (Folksinger belge).

**C'est moi… c'est moi…**
*Claude François & Vline Buggy.*
1966. Claude François. 13e 45 tours, avril 1966.

**I've Got a Tiger by the Tail (Country américaine).**
*Harlan Howard & Buck Owens.*
Buck Owens. Puis par Dave Berry. Arthur Smith. Sweet Linda Divine.

**Je tiens un tigre par la queue.**
*Claude François & Vline Buggy.*
1966. Claude François. 13 e 45 tours, avril 1966.

**A Must to Avoid (Pop anglaise).**
*P.F. Sloan & F. Barri.*
David and Johnatan. Puis par The Herman's Hermits.

**Les Petites Choses.**
*Claude François & Vline Buggy.*
1966. Claude François. 13e 45 tours, avril 1966.

**Crying Time (Country américaine).**
*Buck Owens.*
Buck Owens. Puis par Ray Charles. The Kendalls. Brenda Lee. Jack Green.

**Le Temps des pleurs.**
*Claude François & Vline Buggy.*
1966. Claude François. 14e 45 tours, juin 1966.

**Lovers of the World Unite (Pop anglaise).**
*R. Greenaway & R. Cook.*
David and Johnatan.

**Amoureux du monde entier.**
*Claude François & Vline Buggy.*
1966. Claude François. 14e 45 tours, juin 1966.

**I Fought the Law (Country/Rock américaine).**
*Sonny Curtis.*
Bobby Fuller Four. Puis par Earl Sinks. The Clash (années 80). Nanci Griffith (dans les années 1990).

**J'ai joué et puis j'ai perdu.**
*Claude François & Vline Buggy.*
1966. Claude François. 14e 45 tours, juin 1966.

**Gone From my Mind (Pop anglaise).**
*Les Reed.*
The Fortunes.

**Chacun à son tour.**
*Claude François & Vline Buggy.*
1966. Claude François. 14e 45 tours, juin 1966.

**Reach Out I'll Be There (Soul/Tamla Motown USA).**
*Brian Holland & Lamont Dozier & Eddie Holland.*
The Four Tops. Diana Ross. Chris Farlow. The Cowsills. Len Barry. Brian People and The Tremoloes. Petula Clark. Gloria Gaynor.

**J'attendrai.**
*Claude François & Vline Buggy.*
1966. Claude François. 15e et 15e bis 45 tours, décembre 1966 et janvier 1967. Également enregistré par le groupe belge Les Diamants chez Pathé, même titre, même texte, même époque.

**Winchester Cathedral (Pop anglaise).**
*Goeff Stephens.*
The New Vaudeville Band. The Random Blues Band. The Four Freshmen. Jimmy Castor. Nancy Wilson.

**Winchester Cathedral.**
*Claude François & Vline Buggy.*
1966. Claude François. 15e et 15e bis 45 tours, décembre 1966 et janvier 1967. Également enregistré, à la même époque, par le groupe belge Les Diamands chez Pathé, même titre, même texte. Cette chanson connut un autre titre et un autre texte sur le 45 tours de décembre 1966 *J'travaille à l'usine* (*J'mange à la cantine*), paroles des mêmes cités plus haut. Cependant, le groupe anglais The New Vaudeville Band, mécontent du texte, demanda son retrait du commerce. Le 45 tours de janvier 1967 comporta donc le titre *Winchester Cathedral*. Dans le même temps les deux complices commirent sur la même musique le texte *Clocher du village*.

**Miss Felicity Gray (Country anglaise).**
*J. Stewart & G. Langley.*

**Miss Felicity Gray.**
*Claude François & Vline Buggy.*
1966. Claude François. 15e et 15e bis 45 tours, décembre 1966 et janvier 1967.

**Bench N° 3 at Waterloo Station (Variété/Pop anglaise).**
*Filter de Luxe.*
The Artwoods. Également enregistré à la même époque par Claude François en anglais.

**Sur le Banc 21.**
*Claude François & Vline Buggy.*
1966. Claude François. 15e et 15e bis 45 tours, décembre 1966 et janvier 1967. Claude François disait lui-même que cette chanson avait été écrite pour lui en anglais. « L'original » aurait été enregistré juste avant ou juste après par The Artwoods dans le même temps où Claude François en faisait une version anglaise.

**There's a Kind of Hush (All Over the World) (Variété anglaise).**
*Les Reed & Geoff Stephens.*
The Herman's Hermits. The New Vaudeville Band. The Carpenters. Engelbert Humperdinck.

**Qu'est-ce-que tu deviens ?**
*Claude François & Vline Buggy.*
1967. Claude François. 16e 45 tours, mars 1967. Titre enregistré par Claude François avant la version « originale... » du Herman's Hermits. (Écrit peut-être pour lui par les Anglais.)

**Baby I Need your Loving (Soul/Tamla Motown USA).**
*Brian Holland & Lamont Dozier & Eddie Holland.*
The Four Tops. The Supremes. The Fourmost. Johnny Rivers. Sandie Shaw. O.C. Smith.

**Tout le monde a besoin d'amour.**
*Claude François & Vline Buggy.*
1967. Claude François. 16e 45 tours, mars 1967. Également enregistré par Thierry Vincent (ex-Pingouin, sous le pseudonyme de Lou Vincent, futur producteur de Au Bonheur des Dames), en 1965 sous le titre *Tu ne peux pas me faire ça*, sur des paroles de Gilles Thibaut.

**Loving You is Sweeter Than Ever (Soul/Tamla Motown USA).**
*Stevie Wonder & Ivy Hunter.*
The Four Tops. The Supremes. Steve Perry. Kiki Dee. Marvin Gaye. O.C. Smith. Bryan Ferry. Nick Kamen (années 80).

**N'est-ce pas étrange ?**
*Claude François & Vline Buggy.*
1967. Claude François. 16e 45 tours, mars 1967. Au moment de ce disque, l'émission « Salut les copains » proposait d'autres titres pour ce 45 tours, dont la reprise du hit de Cat Stevens *Matthew and Son* diffusée mais non retenue par les auditeurs ; il s'agissait de *Il faut compter encore*, écrit par Claude François et Vline Buggy ; ce titre ne se trouve donc sur aucun disque original, ni même pour l'instant sur une compilation, sauf sur un CD chez Dial.

**It Takes Two (Soul/Tamla Motown USA).**
*S. Moy & V. Stevenson.*
Marvin Gaye and Kim Veston. Puis par Tina Turner and Rod Stewart.

**Il faut être deux.**
*Gilles Thibaut & Claude François.*
1967. Claude François. 17e 45 tours, juin 1967.

**In the Country (Country anglaise).**
*H.B. Marvin. Bruch Welch. B. Bennett. John Rostill.*
Cliff Richard. Puis The Farmer's Boys en 1984.

**À la campagne.**
*Claude François & Vline Buggy.*
1967. Claude François. Titre inédit en 45 tours et 33 tours originaux de l'époque. Ce titre est gravé uniquement dans la compilation Philips « Claude François, 10 ans de chansons » et a donc été publié seulement en 1978.

**Carrie Anne (Pop anglaise)**
*Graham Nash & Tony Hicks & Allan Clarke.*
The Hollies.

**L'Homme au traîneau.**
*Claude François & Gilles Thibaut.*
1967. Claude François. 18e 45 tours, novembre 1967. Premier 45 tours Flèche (où figure pour la première fois *Comme d'habitude*) produit par la maison de production de l'artiste.

**Massachussets (Pop anglaise).**
*Maurice Gibb & B. Gibb & Robin Gibb.*
The Bee Gees. Puis par The Priors.

**La Plus Belle Chose du monde.**
*Claude François & Gilles Thibaut.*
1967. Claude François. 18e 45 tours, novembre 1967. Premier 45 tours Flèche.

**Baby Now That I've Found You (Pop/Rock anglais).**
*J. Mcleod & McCaulay.*
The Foundations.

**Pourquoi ?**
*Claude François & Gilles Thibaut.*
1967. Claude François. 7e 33 tours. Premier 33 tours Flèche. Décembre 1967. Titre n'existant pas en 45 tours original.

**Flowers in the Rain (Pop psychédélique anglaise).**
*Roy Wood.*
The Move.

**Le Martien.**
*Claude François & Gilles Thibaut.*
1967. Claude François. 7e 33 tours. Premier 33 tours Flèche. Décembre 1967. Titre n'existant pas en 45 tours original.

**I Was Made To Love Her (Soul/Tamla Motown USA).**
*H. Cosby & L. Hardaway & Stevie Wonder & S. Moy.*
Stevie Wonder. Puis The Beach Boys. Dick Rivers (en anglais). Booker T. & The M.G.S.

**Rien rien rien.**
*Claude François & Gilles Thibaut.*
1967. Claude François. 7e 33 tours. Premier 33 tours Flèche. Décembre 1967. Titre n'existant pas en 45 tours original.

**Stasera mi Butto (Variété/Rock italien).**
*B. Canfora & A. Amurri.*
Rocky Roberts and the Airedales (en italien).

**Ce Soir je vais boire.**
*Claude François & Gilles Thibaut.*
1968. Claude François. 19e 45 tours, janvier 1968.

**My Guy (Soul/Tamla Motown USA).**
*W. Robinson.*
Mary Wells. Puis Helene Shapiro. Petula Clark. Amii Stewart and Johnny Bristol (1980), cette dernière version est couplée avec *My Girl* d'Otis Redding

**Ma Fille.**
*Claude François & Gilles Thibaut.*
1968. Claude François. 19e 45 tours, janvier 1968. Également enregistré par Nancy Holloway sous le titre *Bye bye* sur des paroles de Georges Aber.

**Simon Says (Bubblegum anglais).**
*Elliott Chiprut.*
1910 Fruitgume Company.

**Jacques a dit.**
*Claude François & Gilles Thibaut.*
1968. Claude François. 20e 45 tours, avril 1968. Premier 45 tours à deux titres. Dès le suivant, les 45 tours seront à nouveau à quatre titres jusqu'en novembre 1971.

**Deborah (Variété italienne).**
*V. Pallaviccini & Paolo Conte & Carl Sigman.*
Lealie Fausto. Puis par Wilson Pickett.

**Deborah.**
*Claude François & Gilles Thibaut.*
1968. Claude François. 21e 45 tours, juillet 1968.

**Bend me, Shape me (Pop/Rock anglaise).**
*Scott English & Laurence Weiss.*
Amen Corner (UK). Puis un peu plus tard par le groupe American Breed (USA). Claude François s'est plus inspiré de cette reprise que de l'original d'Amen Corner

**Serre moi, griffe moi.**
*Claude François & Gilles Thibaut.*
1968. Claude François. 21e 45 tours, juillet 1968. D'après la reprise du groupe anglais Amen Corner et non de l'original américain d'American Breed.

où les arrangements ne sont pas du tout les mêmes, des trompettes interviennent, la couleur et le tempo sont différents.

**Mr. Businessman (Country/ variété américaine).**
*Ray Stevens.*
Ray Stevens.

**Monsieur le Businessman.**
*Jacques Plante.*
1968. Claude François. 22e 45 tours, octobre 1968.

**Young Girl (Pop anglaise).**
*J. Fuller.*
Gary Pucket and the Union Gap.

**Prends garde petite fille.**
*Jacques Plante.*
1968. Claude François. 22e 45 tours, octobre 1968.

**Eloïse (Pop anglaise).**
*Paul Ryan.*
Barry Ryan With the Majority. Repris par Damned. Kay Thompson. Aerosmith.

**Héloïse.**
*Claude François & Vline Buggy.*
1968. Claude François. 23e 45 tours (trois titres), décembre 1968. 45 tours republié en janvier 1969 avec, à la place du titre *Les Petites Souris*, l'original français *Le Magicien.*

**Beggin'(Pop anglaise).**
*Peggy Farina & Bob Gaudio.*
The Timebox.

**Reste.**
*Jacques Plante.*
1968. Claude François. 23e 45 tours (trois titres), décembre 1968. 45 tours republié en janvier 1969 avec, à la place du titre *Les Petites Souris*, l'original français *Le Magicien.*

**The Little Green Apples (Country américaine).**
*Bobby Russell.*
Bobby Russell. Puis repris par Roger Miller. Floyd Cramer. Tennessee Ernie Ford. Andy Williams. Vic Damone. Bing Crosby. Val Doonican. Dean Martin. The Four Tops. Frank Sinatra. Tom Jones. Bobby Gentrie. Billy May. Kathy Kirby. Joe Simon. Dionne Warwick.

**Les Petites Souris.**
*Pierre Delanoë.*
1968. Claude François. 23e 45 tours (trois titres), décembre 1968. 45 tours republié en janvier 1969 avec, à la place de ce titre, l'original français *Le Magicien.*

**Hush not a Word to Mary (Variété/Pop anglaise).**
*Peter Callender & Mitch Murray.*
John Rowles.

**Chut ! plus un mot.**
*André Salvet.*
1968. Claude François. 8e 33 tours, décembre 1968. N'existe pas en 45 tours original.

**Abergavenny (variété/flon-flon anglais).**
*Manston & Geller.*
Marty Wilde. Oui, le papa de Kim Wilde.

**Les Majorettes.**
*Gilles Thibaut.*
1968. Claude François. 8e 33 tours, décembre 1968. N'existe pas en 45 tours original.

**Daydream (variété néerlandaise).**
*R. Vincent & S. Van Holman & D. Mackay.*
The Wallace Collection.

**Rêveries.**
*J. Martin & Jacques Plante.*
1969. Claude François. 25e 45 tours, avril 1969.

**I'm Gonna Make you Love me (Soul/Tamla Motown USA).**
*Kenneth Gamble & J. Ross & J. Williams.*
Diana Ross and the Supremes and the Temptations.

**Où tu veux, quand tu veux.**
*Jacques Plante.*
1969. Claude François. 25e 45 tours, avril 1969.

**By the Time I Get To Phoenix (Country américaine).**
*Jimmy Webb.*
Jimmy Webb. Puis repris par Glen Campbell. Tennessee Ernie Ford. Vic Damone. Oscar Peterson. Jose Feliciano. Isaac Hayes. Vera Lynn. Harry Belafonte. Trio Louis Van Dyke. Johnny Rivers. The Peddlers. Vicky Carr. Frank Sinatra. Pat Boone. William Bell. Frankie Valli. Roger Whittaker. Lads Made. Marty Robbins. Joe Tex. Engelbert Humperdinck. The Dells.

**Le temps que j'arrive à Marseille.**
*Claude François.*
1969. Claude François. 25e 45 tours, avril 1969.

**Proud Mary (Country/ Rock américaine).**
*John C. Forgety.*
The Creedence Clearwater Revival. Puis par Ike and Tina Turner. The Checkmates (productions de Phil Spector). Elvis Presley. George Jones. Solomon Burke.

**Roule.**
*Vline Buggy.*
1969. Claude François. 25e 45 tours, avril 1969. Également enregistré en 1978 par Dick Rivers sous le titre *Roule pas sur le Rivers* avec des paroles de Serge Koolenn. Enfin, sur son album « Destination Vegas », Johnny

Hallyday enregistre cette chanson en 1996 sous le titre *Rouler sur la rivière* sur des paroles de Jean Fauque.

**Games People Play (Variété/Country américaine).**
*Joe South.*
Joe South. Puis par Paul Anka. Tommy Lee. Alan Parson Project. Betty Lavette. Boots Randolph. Ike and Tina Turner. Dionne Warwick. Claudia Cardinale. The Everly Brothers. Johnny Taylor. Detroit Spinners. Freddy Wellers. Merle Haggard. Waylon Jennings. Petula Clark. Ronan Collins. Billy Joe Spears. Doris Troy.

**Jeux dangereux.**
*Jacques Plante.*
1969. Claude François. 26e 45 tours, juillet 1969.

**Show Me (Rythm and Blues/Soul USA).**
*Joe Tex.*
Joe Tex. Puis par The Foundations. The Tremoloes. Len Barry. Dex. Marvin Sease. Dexy's Midnight Runners.

**Cherche.**
*Vline Buggy & Claude François.*
1969. Claude François. 26e 45 tours, juillet 1969.

**Love Explosion (Soul américaine).**
*George Kerr & Gerald Harris.*
O'Clock (Source R.e.d. Tracks Catalogue).

**Tout éclate, tout explose.**
*Jacques Plante.*
1969. Claude François. 27e 45 tours, octobre 1969.

**I'm Gonna Make You Mine (Pop/Bubblegum anglaise).**
*T. Romeo.*
Lou Christie.

**Tu seras toute à moi.**
*Jacques Plante.*
1969. Claude François. 27e 45 tours, octobre 1969.

**Viva Bobby Joe ! (Variété/ Pop anglaise).**
*Eddie Grant.*
The Equals.

**Vivre que c'est bon.**
*Anngregory & Claude François.*
1969. Claude François. 10e 33 tours, novembre 1969. N'existe pas en 45 tours original.

**Early In the Morning (Variété anglaise).**
*M. Leander & E. Seags.*
Vanity Fare.

**Chaque jour à la même heure.**
*Jacques Plante.*
1970. Claude François. 28e 45 tours, janvier 1970. Également enregistré, sous le même titre, à la même époque, par les Compagnons de la Chanson.

**A Little Bitty Tear (Variété/ Country américaine).**
*Hank Cochran.*
Burl Ives. Bing Crosby. Miki and Griff.

**Une Petite larme m'a trahi.**
*Vline Buggy & Claude François.*
1970. Claude François. 28e 45 tours, janvier 1970. Également enregistré par les Gam's (Annie Markan) sous le même titre, mais en 1964, avec des paroles seulement de Vline Buggy. Cette version est calquée sur la ligne mélodique et le tempo de l'original de Burl Ives,

contrairement à celle de Claude François qui, six ans après, s'en démarque.

**Sugar, Sugar (Bubblegum/Pop américaine).**
*J. Barry & A. Kim.*
The Archies. Puis repris par Sakkarin. Wilson Pickett.

**Douce Candy.**
*Anngregory & Claude François.*
1970. Claude François. 28e 45 tours, janvier 1970.

**Beautiful World, Beautiful People (Reggae/Pop Jamaïque/USA).**
*Jimmy Cliff.*
Jimmy Cliff.

**Le Monde est grand, les gens sont beaux.**
*Eddy Marnay.*
1970. Claude François. 30e 45 tours, septembre 1970. Deuxième 45 tours deux titres. Ce système reprendra définitivement en mai 1971.

**Fumace (Variété italienne).**
*Pinto.*

**E.E.E. A.A.A.**
*Pierre Cour.*
1970. Claude François. 12e 33 tours, « Le Monde Extraordinaire de Claude François », novembre 1970. N'existe pas sur un 45 tours original. Le 11e 33 tours étant celui de l'Olympia 1969 : « Claude François à l'Olympia » (Philips/Flèche 844804).

**An Irish Song (Air traditionnel irlandais).**
*Curdy.*

**L'Histoire irlandaise.**
*C. Rivat & Claude François.*
1970. Claude François. 12e

33 tours, « Le Monde Extraordinaire de Claude François », novembre 1970. N'existe pas sur un 45 tours original.

**Gentle On My Mind (Country américaine).**
*John Hartford.*
John Hartford. Puis par Tammy Wynette. Glen Campbell. Paul Anka. Aretha Franklin. Andy Williams. Bobbie Gentry and Glen Campbell. Engelbert Humperdinck. Dean Martin. Hillsiders. Devine Sydney. Tompall Glaser and the Glaser Brothers. Elvis Presley. New Seekers. Waylon Jennings. Hank Snow. Jimmy Tarbuck. Roger Whittaker. Johnny Mercer. Patti Pages. Susan McCann.

**Si douce à mon souvenir.**
*Claude François & C. Rivat.*
1970. Claude François. 31e 45 tours, décembre 1970. Également enregistré, en 1977, par Lucky Blondo pour son album « Lucky Blondo to Elvis from Nashville », sous le titre *Va savoir pourquoi* sur un texte de A. Kopelman.

**Wild World (Pop anglaise).**
*Cat Stevens.*
Cat Stevens. Puis par Jimmy Cliff. Mr. Big (années 90).

**Fleur sauvage.**
*Eddy Marnay.*
1970. Claude François. 31e 45 tours, décembre 1970.

**Baby Take Me In Your Arms (Variété anglaise).**
*McCaulay & MacLeod.*
The Foundations.

**Jamais un amour.**
*Yves Dessca.*
1970. Claude François. 13e 33 tours, décembre 1970. Ce titre n'existe pas en 45 tours original.

**It's the Same Old Song (Soul Music/Tamla Motown USA).**
*Brian Holland & Lamont Dozier & Eddie Holland.*
The Four Tops. Puis par The Supremes. KC & The Sunshine Band. Weathermen. Shalamar. Johnny Rivers.

**C'est la même chanson.**
*Claude François & C. Rivat.*
1971. Claude François. 32e 45 tours, mai 1971. Véritable premier 45 tours deux titres. Ce sera désormais définitif, sauf pour les deux de septembre 1971 pour les enfants, « Le Monde Extraordinaire de Claude François » dont le 33 tours (n° 12) de novembre 1970 réunissait tous les titres. Ceux-ci seront détaillés sur les 45 tours de mai 1971 (nos 33 et 34). Aussi enregistré en 1967 par Sylvie Vartan chez RCA sous le titre *Moi je danse*, sur des paroles de Georges Aber ; et récemment, par François Valéry, même titre et même texte que la version de Claude François.

**Rose Garden (Country américaine).**
*Lynn Anderson.*
Lynn Anderson. Puis par The New World. The Tree Degrees. Andy Williams. Danny Davis and the Nashville Brass.

**Je te demande pardon.**
*Claude François & Yves Dessca.*
1971. Claude François. 32e 45 tours, mai 1971.

**Bernadette (Soul/Tamla Motown USA).**
*Brian Holland & Lamont Dozier & Eddie Holland*
The Four Tops.

**Bernadette.**
*Claude François.*
1971. Claude François. 14e 33 tours, juin 1971. N'existe pas en 45 tours original.

**Shake Me, Wake Me (Soul/Tamla Motown USA).**
*Brian Holland & Lamont Dozier & Eddie Holland.*
The Four Tops. The Supremes.

**Réveille-moi.**
*Claude François.*
1971. Claude François. 14e 33 tours, juin 1971. N'existe pas en 45 tours original.

**Going To the Country (Country/Rock américain).**
*Steve Miller & Scaggs.*
The Steve Miller Band.

**Hey ! Ho ! c'est impossible.**
*Claude François & C. Rivat.*
1971. Claude François. 14e 33 tours, juin 1971. N'existe pas en 45 tours original.

**Dreams of the Everyday Housewife (Country américaine).**
*G. Gautry.*
Glen Campbell.

**Les Femmes de France.**
*Claude François & Vline Buggy.*
1971. Claude François. 14e 33 tours, juin 1971. N'existe pas en 45 tours original.

**Diggy Liggy Lo (Cajun Music/USA).**
*J. D. Miller.*
Rusty and Doug Kershaw. Puis par Jimmy Newman. Commander Cody.

**Diggy Liggy Lai et Diggy Liggy Lo.**
*Claude François & C. Rivat.*
1971. Claude François. 33e 45 tours, « Le Monde Extraordinaire de Claude François », septembre 1971. Puis la chanteuse canadienne Édith Butler.

**Puff the Magic Dragoon (Country/Pop américaine).**
*Peter Yarrow. L. Lipton.*
Barnbrack. The Brothers Fours. Peter, Paul and Mary. Marlène Dietrich.

**Puf le dragon magique.**
*C. Rivat & Claude François.*
1971. Claude François. 33e 45 tours, « Le Monde Extraordinaire de Claude François », septembre 1971. Également

enregistré en 1964, chez Decca, par le chanteur belge Burt Blanca, avec le même titre mais sur des paroles différentes d'André Salvet.

**Mairzy Doats and Dozy Doats (Variété anglaise).**
*D. Hoffman.*
Max Bygraves. Carlo and The Belmonts. Dennis Hayward Organisation. Innocence. Pied Pipers. Robert Wolfe.

**Quand rien ne va plus.**
*G. Lemarchand & C. Caulier.*
1971. Claude François. 34e 45 tours, « Le Monde Extraordinaire de Claude François », septembre 1971.

**Gonna Get Along Without You Now (Country américaine).**
*M. Kellern*
Patience and Prudence (1957). Skeeter Davis (1964). Également enregistré, avec un tempo et des arrangements disco-funk, en 1984 par la chanteuse Viola Wills.

**Boum Boum.**
*Claude François & C. Rivat.*
1971. Claude François. 34e 45 tours, « Le Monde Extraordinaire de Claude François », septembre 1971.

**Freedom Come, Freedom Go (Variété Blubblegum anglaise).**
*R. Cook & P. Greenaway.*
The Fortunes.

**Il fait beau, il fait bon.**
*Eddy Marnay.*
1971. Claude François. 35e 45 tours, novembre 1971.

**You've Got A Friend (Country américaine).**
*Carole King.*
Carole King. Puis par James

**Un Jardin dans mon cœur.**
*Eddy Marnay.*
1971. Claude François. 35e 45 tours, novembre 1971.

Taylor. Jack Jones. Roberta Flack. Conny Hataway. The Falcons. Mark Lindsay. Petula Clark. Roberta Flack and Donny Hataway. Lena Martell. Joe McBride. Roger Whittaker. Ralph McTell.

**Surrender (Soul/Rock/Tamla Motown USA).**
*Nickolas Ashford & Valerie Simpson.*
Diana Ross.

**Let You Yeah Be Yeah (Variété pré-reggae).**
*Jimmy Cliff.*
Jimmy Cliff. Puis Ali Campbell. UB40.

**River Deep, Mountain High (Production Spectorienne USA).**
*Jeff Barry & Ellie Greenwich & Phil Spector.*
Ike and Tina Turner. Puis par Bob Seeger. The Four Tops. Bobby Doyle. Leslie Uggams. Tina Turner (seule). The Easybeats. Eric Burdon and the Animals. The Supremes. Harry Nilsson. Louis Clark. Billy Deal and the Rondhells. Niel Diamond.

Également enregistré par Sylvie Vartan avec le même titre, puis par Michel Delpech avec un titre différent *T'as un ami*, sur un texte de Michel Delpech lui-même et Jean-Michel Rivat.

**Aime moi ou quitte moi.**
*Michèle Vendôme.*
1971. Claude François. 15e 33 tours, novembre 1971. N'existe pas en 45 tours original.

**Comme un jour nouveau.**
*Michèle Vendôme.*
1971. Claude François. 15e 33 tours, novembre 1971. N'existe pas en 45 tours original.

**Combien de rivières.**
*Eddy Marnay.*
1971. Claude François. 15e 33 tours, novembre 1971. N'existe pas en 45 tours original. Également enregistré quelques années plus tôt par la chanteuse Tina sous le titre *Comme le fleuve aime la mer*, sur des paroles d'André Salvet.

Episode six. The Four Tops and The Supremes.

**When You're Hot, You're Hot (Country américaine).**
*Jerry Hubbard.*
Jerry Reed.

**Et je cours, je cours.**
*Yves Dessca.*
1971. Claude François. 15e 33 tours, novembre 1971. N'existe pas en 45 tours original.

**Chicago (Country/Pop américaine).**
*Graham Nash.*
David Crosby and Graham Nash.

**Et je ne pense plus à toi.**
*Michèle Vendôme.*
1971. Claude François. 15e 33 tours, novembre 1971. N'existe pas en 45 tours original.

**Stop In the Name Of Love (Soul/Tamla Motown USA).**
*Brian Holland & Lamont Dozier & Eddie Holland.*
The Supremes. Puis par Johnny Rivers. Shalamar. Detroit Spinners. The Hollies. Diana Ross and The Supremes. Diana Ross (seule). The Temptations and the Four Tops. Margie Joseph. Barbara Dickson. Bobby Barth. Alyn Ainsworth. Gloria Gaynor.

**Stop au nom de l'amour.**
*Eddy Marnay.*
1972. Claude François. 36e 45 tours, mars 1972. Également enregistré par le groupe féminin les Fizz, avec un titre différent, sur des paroles de Frank Gérald : *Stop tu n'as plus le droit.*

**Gypsies, Tramps and Thieves (Country/Pop américaine).**

**Voleurs bohémiens.**
*Pierre Delanoë.*
1972. Claude François. 16e

*Bob Stone.*
Cher. Puis Sylvie Vartan (en anglais).

**You Keep Me Hanging On (Soul/Tamla Motown USA).**
*Brian Holland & Lamont Dozier & Eddie Holland.*
The Supremes, The Four Tops. Également enregistré par Cliff Richard. Mac Kinssonn. Tom Jones. Rod Stewart. Kim Wilde (années 80). Roni Hill (medley with *Stop in the Name of Love*). Vanilla Fudge. James Last. Barbara Dickson. Wilson Pickett. Diana Ross (seule). Joe Simon. Mary McCaslin. Booker T. & The M.G.S.

**Softly Whispering I Love You (Variété/Pop anglaise).**
*R. Cook & R. Greenaway.*
David and Johnatan. Congregation. New Congregation.

33 tours, juin 1972. N'existe pas en 45 tours original. Enregistré aussi, en 1971, par Sylvie Vartan sous le titre *C'était la belle vie*, sur un texte d'elle-même.

**Mais c'est différent déjà.**
*Eddy Marnay.*
1972. Claude François. 16e 33 tours, juin 1972. N'existe pas en 45 tours original. Également enregistré en 1967 chez RCA par Sylvie Vartan sous le titre *Je n'ai pas pu résister*, sur un texte de George Aber.

**Je chante pour les gens qui s'aiment.**
*Eddy Marnay.*
1972. Claude François. 16e 33 tours, juin 1972. N'existe pas en 45 tours original. Également présent sur le 18e 33 tours en juin 1973.

**Super Star (Pop/Psychédélique anglaise).**
*Webber & Rice.*
Murray Head. Sandra Bernahard. Keating. Carl Anderson. Johnny Douglas.

**Jésus Christ Super Star.**
*Michèle Vendôme.*
1972. Claude François. 16$^{e}$ 33 tours, juin 1972. N'existe pas en 45 tours original.

**American Pie (Variété/Country américaine).**
*Don McClean.*
Don McClean.

**Feu de paille.**
*Eddy Marnay.*
1972. Claude François. 38$^{e}$ 45 tours, octobre 1972.

**Miss Belinda (Variété Bubblegum anglaise).**
*Des Parton.*

**Belinda.**
*Eddy Marnay.*
1972. Claude François. 39$^{e}$ 45 tours, décembre 1972. (45 tours des *Lundis au soleil*).

**Rain (Variété/Pop italienne).**
*Jose Feliciano.*
Jose Feliciano. Ross Mary. Jean-Jacques Goldman.

**On ne choisit pas.**
*Eddy Marnay.*
1972. Claude François. 17$^{e}$ 33 tours, décembre 1972. N'existe pas en 45 tours original.

**You've Got Your Troubles (Variété/Pop anglaise).**
*R. Cook & R. Greenaway.*
The Fortunes. Peter and Gordon. Sonny James. David and Johnatan. Lou Christie.

**Tu as tes problèmes moi j'ai les miens.**
*Claude François & Vline Buggy.*
1972. Claude François. 17$^{e}$ 33 tours, décembre 1972. N'existe pas en 45 tours original. Également enregistré, quelques années plus tôt, par Dick Rivers chez Pathé

Marconi, sur des paroles différentes de Mya Simille, sous le titre *Je l'ai aimée bien avant toi*.

**You Can't Hurry Love (Soul/Tamla Motown USA).**
*Brian Holland & Lamont Dozier & Eddie Holland.*
The Supremes. The Four Tops. The Stray Cats. Alyn Ainsworth. Louis Clark. Diana Ross (seule). James Last. Phil Collins (années 80).

**Une Fille et des Fleurs.**
*Jean Schmidt.*
1973. Claude François. 40e 45 tours, février 1973. Également enregistré par les Surfs dans les années 60 sous le titre *C'est grâce à toi oui*.

**Lover's Rainbow Wonderland (Country/Variété anglo-allemande).**
*John O'Brien & Docker & Rolf Soja.*

**J'ai retrouvé ma liberté.**
*Michel Jourdan.*
1973. Claude François. 18e 33 tours, juin 1973. N'existe pas en 45 tours original. Mélodie, couleur et ambiance très très inspirées du *Qui saura* de Mike Brandt.

**Summer Breeze (Variété/Country américaine).**
*J. Seals & Croft.*
Seals and Croft. Nicki Richards. The Isley Brothers.

**De la peine pas de chagrin.**
*Michèle Vendôme.*
1973. Claude François. 18e 33 tours, juin 1973. N'existe pas en 45 tours original.

**I Can't Help Myself (Soul/Tamla Motown USA).**
*Brian Holland & Lamont Dozier & Eddie Holland.*

**L'Amour c'est comme ça.**
*Michèle Vendôme.*
1973. Claude François. 18e 33 tours, juin 1973. N'existe

The Four Tops. Puis par Dolly Parton. Johnny Ross. Shalamar. Donnie Elbert. Orange Juice.

pas en 45 tours original. Également enregistré par Sylvie Vartan en 1966 chez RCA sous le titre *Garde-moi dans ta poche*, sur des paroles de Jean Renard.

**By the Devil I Was Tempted (Variété anglaise).**
*G. Fletcher & Dougflett.*
Blue Mink.

**À part ça la vie est belle.**
*Eddy Marnay.*
1973. Claude François. 42e 45 tours, septembre 1973. Également enregistré par Fabien Favelli.

**Puppy Love (Variété américaine).**
*Paul Anka.*
Paul Anka. Donny Osmond.

**Sur ton visage un sourire.**
*Jean Schmidt.*
1973. Claude François. 42e 45 tours, septembre 1973.

**Take Me Home, Country Roads (Country américaine).**
*Bill Danof & Taffy Niver & John Denver.*
John Denver. Statler Bros. Olivia Newton John. James Taylor. Susan McCann. Billy Joe Spears.

**J'ai encore ma maison.**
*Eddy Marnay.*
1973. Claude François. 19e 33 tours, décembre 1973. N'existe pas en 45 tours original. En 1976, Dick Rivers enregistrera chez Polydor ce standard de la Country Music sous le titre *Faire un pont*, sur des paroles de Serge Koolenn.

**Our Last Song Together (Variété/Country américaine).**
*Neil Sedaka & O. Greenfield.*
Neil Sedaka.

**Notre Dernière Chanson ensemble.**
*Eddy Marnay.*
1973. Claude François. 19e 33 tours, décembre 1973.

N'existe pas en 45 tours original. Enregistré aussi par Nana Mouskouri sous le titre *Vivre avec toi*, sur un texte de Pierre Delanoë & Claude Lemesle.

**Brother Louie (Funk anglais).**
*Wilson.*
Hot Chocolate.

**Dis-lui pour moi.**
*Michèle Vendôme.*
1973. Claude François. 19e 33 tours, décembre 1973. N'existe pas en 45 tours original.

**Yesterday Once More (Variété anglaise).**
*Richard Carpenter.*
The Carpenters. Puis par Rey Conniff. Redd Kross. Moe Bandy. Petula Clark. The Ventures. Rose of Avalanche.

**Sha la la (Hier est près de moi).**
*Eddy Marnay.*
1974. Claude François. 44e 45 tours, mars 1974. Également enregistré en 1997 par la chanteuse de l'émission de France 3 « Fa si la chanter », Valérie. G Squad (1998).

**Day Dreamer (Variété anglaise).**
*Terry Dempsey.*
David Cassidy.

**Le Mal-Aimé.**
*Eddy Marnay.*
1974. Claude François. 45e 45 tours, juillet 1974.

**You Are Everything (Soul/Tamla Motown USA).**
*Thom Bell & Linda Creed.*
Diana Ross and Marvin Gaye. Roberta Flack and

**Tu es tout pour moi.**
*Eddy Marnay.*
1974. Claude François. 21e 33 tours, septembre 1974. N'existe pas en 45 tours ori-

Donny Hathaway. Hank Marvin. Puis en 1997 par M. J. Blige.

**The Most Beautiful Girl in the World (Country américaine).**
*Norris Wilson & Billy Sherryl & Rory Bourke.*
Charlie Rich. Puis par Tony Christie. Roy Clark. Perry Como. Johnny Mathis. Engelbert Humperdinck. Andy Williams. Joe Stampley. Roger Whittaker. Frank Sinatra.

**I'll Be Around (Funk).**
*Thom Bell & Phill Hurtt.*
The Spinners. Puis Funk Incorporation. Randy Crawford. Terry Wells. Fareed Haque. Nayobe. Regina Bell. Rappin 4 Tay. Was no Was. Murray Head. Johnny Ray. Tears for Fears. C. C. Cameron.

**I'm Living It All Up To You (Country américaine).**
*D. Harris.*
Lavern Baker. Linda Ronstadt. King Groups. Dale N. Grace. Donny and Marie Osmond. Freddy Fenders.

ginal. Le 20e 33 tours étant un « Claude François sur scène » (Flèche 6325 677).

**La plus belle fille du monde.**
*Eddy Marnay.*
1974. Claude François. 21e 33 tours, septembre 1974. N'existe pas en 45 tours original. Également enregistré en 1974, chez Polydor, par Dick Rivers sous le titre *Si elle te disait oui*, sur un texte de Serge Koolenn.

**Soudain il ne reste qu'une chanson.**
*Jean-Michel Rivat.*
1975. Claude François. 47e 45 tours, mars 1975. Également enregistré par Claude Dauray et dans les années 80 par le groupe Kova Rea.

**Il ne me reste qu'à partir.**
*Eddy Marnay.*
1975. Claude François. 48e 45 tours, juin 1975.

**Six Days on the Road (Country américaine).**
*Montgomery.*
Dave Dudley. Puis par Hank Snow. Country Joe McDonald. Jimmy Martin. Charley Pride. Boxcar Willie. Ferlin Husky. Freddy Fenders. Gram Parsons and Emmylou Harris. Jimmy Martin and the Sunny Mountain Boys. Terry Nash. Rifles Celibate. Kenny Seratt. Tah Mahal. George Thorogood and the Destroyers. Burrito Flying Brothers. Jim and Jesse.

**Six Jours sur la route.**
*Yves Dessca.*
1975. Claude François. 22e 33 tours, juin 1975. N'existe pas en 45 tours original.

**No Love At All (Variété/ Country américaine).**
*W.C. Thompson & Christopher.*
B.J. Thomas. Willie Nelson and Waylon Jennings. Lynn Anderson. Roy Brown. The Browns.

**Un Petit peu d'amour.**
*Eddy Marnay.*
1975. Claude François. 22e 33 tours, juin 1975. N'existe pas en 45 tours original.

**Another Saturday Night (Soul/Rythme and Blues américain).**
*Sam Cooke.*
Sam Cooke. Puis par Lou Rawls.

**La Vie d'un homme.**
*Yves Dessca.*
1975. Claude François. 22e 33 tours, juin 1975. N'existe pas en 45 tours original. Également enregistré à l'époque de sa création par Sam Cooke au début des années 60 par Dario Moreno sous le titre « Samedi soir » sur un

texte de G. Tudy. (Source Vincent Palmer via Willy Londner.)

**Who Do You Think You Are (Variété/Pop anglaise).**
*Scott.*
Candlewick Green. St-Étienne. Donaldson to the Heywoods.

**On est qui On est quoi.**
*Jean-Michel Rivat.*
1975. Claude François. 22e 33 tours, juin 1975. N'existe pas en 45 tours original.

**Reggae Tune (Pop anglaise).**
*Andy Fairweather Low.*
Andy Fairweather Low (ex Amen Corner).

**Où s'en aller.**
*Eddy Marnay.*
1975. Claude François. 50e 45 tours, octobre 1975.

**Please Mr. Please (Variété/ Country américaine).**
*Bruce Welch & John Rostill.*
Olivia Newton John.

**Pourquoi pleurer (sur un succès d'été).**
*Frank Thomas.*
1975. Claude François. 51e 45 tours, décembre 1975.

**Ease On Down the Road (funk américain).**
*C. Smalls.*
The Hues Corporation (from Broadway Musical « Wizz ») Puis par Exodus. Howard Beaumont. Diana Ross and Michael Jackson. Consummer Rapport.

**Doucement sur la route.**
*Frank Thomas.*
1975. Claude François. 51e 45 tours, décembre 1975.

**I Write the Songs (Variété américaine).**
*Bruce Johnston.*
Barry Manilow.

**Je chante des chansons.**
*Frank Thomas.*
1975. Claude François. 24e 33 tours, décembre 1975.

N'existe pas en 45 tours original.

**Misty (Origine Jazz).**
*Erroll Garner.*
Erroll Garner. Ray Stevens (a inspiré la reprise française). Johnny Mathis. Connie Francis. Peggy Lee. Ella Fitzgerald. Sarah Vaughan. Oscar Peterson and many others.

**Un Nuage dans le Soleil.**
*Eddy Marnay.*
1975. Claude François. 24e 33 tours, décembre 1975. N'existe pas en 45 tours original.

**Another Somebody Done Some (Country américaine).**
*M. Dutler.*
Billy Walker. B.J. Thomas. Kenny Rogers. Sammy Davis.

**Quelqu'un pleure pour quelqu'un.**
*Jean Schmitt.*
1975. Claude François. 24e 33 tours, décembre 1975. N'existe pas en 45 tours original.

**Don't Let the Good Times Fool You (Country américaine).**
*Gary S. Paxton & Ronald Hellard.*
Melba Montgomery.

**Combien de temps faut-il donc ?**
*Jean Schmitt.*
1975. Claude François. 24e 33 tours, décembre 1975. N'existe pas en 45 tours original.

**Tears On My Pillow (Variété américaine).**
*Smith.*
Johnny Nash. Sha na na. Little Anthony and The Imperials.

**Des Pleurs sur l'oreiller.**
*Pierre Delanoë.*
1975. Claude François. 24e 33 tours, décembre 1975. N'existe pas en 45 tours original.

**Thank God, I Am Country Boy (Country américaine).**
*Sommers.*
John Denver. Glen Campbell.

**Moi je suis français.**
*Pierre Delanoë.*
1975. Claude François. 24e 33 tours, décembre 1975. N'existe pas en 45 tours original.

**At Seventeen (Country américaine).**
*Janis Ian.*
Janis Ian.

**17 ans.**
*Frank Thomas.*
1976. Claude François. 52e 45 tours, février 1976.

**Fred, (My Dog's Bigger Than Your Dog) (Folksong américain).**
*Tom Paxton.*
Tom Paxton.

**Fred.**
*Pierre Delanoë.*
1976. Claude François. 25e 33 tours, « Pour les jeunes de 8 à 88 ans », avril 1976. N'existe pas en 45 tours original. Sur cet album figure le titre *M. Crapaud* (paroles de Claude François et Eddy Marnay) issu d'un traditionnel américain chanté par Doc Watson.

**Things (Country américaine).**
*C.R. Grean.*
Marilyn Monroe. (Source Sacem.)

**L'Objet.**
*Charles Aznavour.*
1976. Claude François. 25e 33 tours, « Pour les Jeunes de 8 à 88 ans », avril 1976. N'existe pas en 45 tours original.

**Blue Tail Fly (Country américaine).**
The Andrew Sisters (années 40). Burl Ives (années 50). Air tiré du folklore traditionnel américain, pas de crédits. Toutefois (source Willy Londner), ce titre a été enregistré par la suite, en 1958, par Elvis Presley sous le titre *I Need your Love Tonight* écrit par Wayne & Reichner, puis en 1960 par Johnny and The Hurricanes sous le titre *Beatnik Fly* écrit par King & Paris.

**La Mouche à la queue bleue (Quand l'vieux Jim).**
*Claude François & Jean-Michel Rivat.*
1976. Claude François. 25e 33 tours, « Pour les Jeunes de 8 à 88 ans », avril 1976. N'existe pas en 45 tours original.

**Going To the Zoo (Folksong américain).**
*Tom Paxton.*
Tom Paxton.

**Le Zoo de Vincennes.**
*Eddy Marnay.*
1976. Claude François. 25e 33 tours, « Pour les Jeunes de 8 à 88 ans », avril 1976. N'existe pas en 45 tours original.

**Mail Myself to You (Country américaine).**
*Woody Guthrie.*
Woody Guthrie. Puis Robinson Earl. Steve Varing.

**Je vais m'expédier à ton adresse.**
*Claude François & Vline Buggy.*
1976. Claude François. 25e 33 tours, « Pour les Jeunes de 8 à 88 ans », avril 1976. N'existe pas en 45 tours original. Repris par un des chantres du surréalisme, Robert Desnos.

**D.I.V.O.R.C.E. (Country américaine).**
*B. Braddock & Curly Putman & Wosley.*
Tammy Wynette. Dolly Parton. The Mississippi Snake.

**Les Mots secrets.**
*Pierre Delanoë.*
1976. Claude François. 25e 33 tours, « Pour les Jeunes de 8 à 88 ans », avril 1976. N'existe pas en 45 tours original. Également enregistré par Michèle Torr sous le titre D.i.v.o.r.c.e. (même titre que l'original) sur un texte de Laurent Chalumeau.

**Nasty Dan (Country/Folksong américain).**
*Jeffrey Moss.*
Burl Ives. Tom Paxton.

**Sale Bonhomme.**
*Eddy Marnay.*
1976. Claude François. 53e 45 tours, mai 1975.

**December 1963 (Oh What A Night) (Variété/Rock américain).**
*Bob Gaudio & Judy Parker.*
Frankie Valli. Frankie Valli and The Four Seasons. Fatback Band. Puis en 1996 par Clock.

**Cette Année-là.**
*Eddy Marnay.*
1976. Claude François. 54e 45 tours, juillet 1976.

**You're My Best Friend (Country américaine).**
*Hollyfield.*
Don Williams.

**Ma Meilleure Amie.**
*Claude François & Vline Buggy.*
1976. Claude François. 26e 33 tours, décembre 1976. N'existe pas en 45 tours original.

**Reggae Like It Used To Be (Variété anglaise).**
*Bugatti & Muskaer.*
Paul Nicholas.

**C'est le Reggae.**
*Eddy Marnay.*
1976. Claude François. 26e 33 tours, décembre 1976. N'existe pas en 45 tours original.

**She Don't Love You (Like I Love You) (Variété/Country américaine).**
*Jerry Butler & Calvin Carter & Curtis Mayfield.*
Dolly Parton.

**Il ne t'aime pas.**
*Eddy Marnay.*
1976. Claude François. 26e 33 tours, décembre 1976. N'existe pas en 45 tours original.

**Mandy (Variété américaine).**
*Richard Kerr & Scott English.*
Barry Manilow.

**Mandy (Toutes les filles de ton âge).**
*Didier Barbelivien.*
1976. Claude François. 26e 33 tours, décembre 1976. N'existe pas en 45 tours original.

**Now Is the Time (Variété/Pop anglaise).**
*Biddu.*
Jimmy James and The Vagabonds.

**Laisse une chance à notre amour.**
*Eddy Marnay.*
1977. Claude François. 56e 45 tours, février 1977.

**I Go to Rio (Variété/Latino américaine).**
*Peter Allen.*
Peter Allen.

**Je vais à Rio.**
*Eddy Marnay.*
1977. Claude François. 57e 45 tours, mai 1977.

**Smiley (Variété anglaise).**
*Terry Dempsey*
Petula Clark (source Sacem et R.e.d. Tracks Catalogue).

**Enfin.**
*Eddy Marnay.*
1977. Claude François. 27e 33 tours, juin 1977. N'existe pas en 45 tours original.

**Everytime I Sing A Love Song (Country américaine).**
*Sklerov & Molinary.*
Billie Joe Spears (source R. e.d. Tracks Catalogue).

**Quand je chanterai une chanson d'amour.**
*Claude François & Vline Buggy.*
1977. Claude François. 27e 33 tours, juin 1977. N'existe pas en 45 tours original.

**Every Face Tells A Story (Variété anglaise).**
*Allison & Sills & Black.*
Cliff Richard.

**Chaque visage dit une histoire.**
*Eddy Marnay.*
1977. Claude François. 27e 33 tours, juin 1977. N'existe pas en 45 tours original.

**Statues Without Hearts (Variété/Country américaine).**
*Larry Gatlin.*
Larry Gatlin and The Family and Friends.

**Statues sans cœur.**
*Claude François & Vline Buggy.*
1977. Claude François. 27e 33 tours, juin 1977. N'existe pas en 45 tours original.

**I Can See Clearly Now (Reggae/Funk).**
*Johnny Nash.*
Johnny Nash. Puis par Funk Incorparation. Petula Clark. Jimmy Cliff en 1995.

**Toi et le Soleil.**
*Eddy Marnay.*
1977. Claude François. 59e 45 tours, septembre 1977.

**Torn Between Two Lovers (Country/Variété américaine).**
*Peter Yarrow & Phil Jarrell.*
Mary MacGregor.

**Drame entre deux amours.**
*Claude François & Vline Buggy.*
1977. Claude François. 59e 45 tours, septembre 1977.

**And I Love You So (Variété américaine).**
*Don MacClean.*
Don MacClean. Puis par Johnny Mathis. Perry Como. Elvis Presley. Engelbert Humperdinck. Shirley Bassey. Mantovani. Moira Anderson. Harry Belafonte. Nana Mouskouri (en anglais). Helen Reddy. Edward Woodward.

**Et je t'aime tellement.**
*Claude François.*
1977. Claude François. 61e 45 tours, novembre 1977.

**Telephone Line (Pop/Rock anglais).**
*Jeff Lyne.*
Electric Light Orchestra.

**Sacrée chanson.**
*Eddy Marnay.*
1977. Claude François. 28e et dernier 33 tours, décembre 1977. N'existe pas en 45 tours original.

**Guava Jelly (Reggae).**
*Bob Marley.*
Bob Marley and The Wailers. Puis par Owen Gray. Yellow Bird. Barbara Streisand.

**Rubis.**
*Étienne Roda Gil.*
1977. Claude François. 28e et dernier 33 tours, décembre 1977. Sortira en 45 tours en décembre 1978.

**Easy Come, Easy Go (Variété américaine).**
*M. Bacon & L. Gold.*

**L'Amour vient, l'amour va.**
*Eddy Marnay.*
1977. Claude François. 28e

Bobby Sherman. Sutherland Brothers. (Source R.e.d. Tracks Catalogue.)

**So Near And Yet So Far (Variété italo-anglaise).**
*T. Cutugno & V. Pallaviccini & Newell.*
Claude François (en anglais). Little Anthony and The Imperials.

et dernier 33 tours, décembre 1977. Sortira en 45 tours en décembre 1978.

**Écoute ma chanson.**
*Claude François & Yves Dessca.*
1977. Claude François. 28e et dernier 33 tours, décembre 1977. Sortira en 45 tours en septembre 1978.

## Table

CET OUVRAGE A ÉTÉ REPRODUIT
ET ACHEVÉ D'IMPRIMER SUR ROTO-PAGE
PAR L'IMPRIMERIE FLOCH À MAYENNE
EN FÉVRIER 1998

Éditions du Rocher
28, rue Comte-Félix-Gastaldi
Monaco

Dépôt légal : février 1998.
N° d'édition : CNE section commerce et industrie
Monaco : 19023.
N° d'impression : 43185.

*Imprimé en France*